그래도 네가 선생님을 했으면 좋겠어

그래도 네가 선생님을 했으면 좋겠어

김차명 지음

진솔하게 말해보는
교사의 일과 삶

일요일오후

추천사

"세상의 변화는 갈수록 빨라지고, 사회에서 학교에 바라는 바는 늘어나기만 하는 것만 같다. 이러한 지경에 이르러서도 우리 교사들은 단 하나의 바람으로 학교에 남아있으려 애쓰고 있다. 바로 '가르칠 수 있는 권리', 미래를 이끌어갈 아이들을 바르게 가르치고 싶다는 바람 하나로."

이 책을 관통하는 주제입니다. 현장 교사로서 교육에 대한 애정으로 자기 경험을 시각적으로 표현하고 있는 점이 참으로 새롭습니다. 저자는 교대를 나와 초등학교 교사, 장학사, 전문적 학습공동체 리더, 교사 인플루언서, 에듀테크 전문 강사, 그리고 초등학교 1학년 담임 등을 경험하고 있는 선생님입니다. 다양한 경험을 쌓은 저자가 기존의 교직에 대한 편견이 무엇인지, 실제 현장에서는 어떤 일들이 일어나는지, 그리고 그에 대한 갈등과 희망을 경쾌하면서도 따스하게 설명해줍니다.

이 책의 밑바탕에는 '교육에 대한 애정, 학생에 대한 사랑'이 있습니다. 『그래도 네가 선생님을 했으면 좋겠어』라는 제목부터 교직에 대한 희망적인 시선을 충분히 느낄 수 있었습니다. '이런 선생님이 없었다면 어쩔 뻔했을까?' 하는 생각이 미소를 짓게 합니다.

- 성기선 (가톨릭대 교수, 전 한국교육과정평가원장)

교육은 한 나라의 미래를 좌우하는 가장 중요한 열쇠입니다. 그러나 최근 한국의 교사들은 점점 더 많은 업무와 변화하는 환경 속에서 어려움을 겪고 있습니다.『그래도 네가 선생님을 했으면 좋겠어』는 이처럼 답답한 현실 속에서도 교사라는 직업이 어떠해야 하는지, 그리고 교육이 어떻게 이루어져야 하는지를 더하지도 덜하지도 않게 따뜻한 시선으로 풀어내고 있습니다.

이 책은 교사의 일과 교육 현장의 모습을 이해하기 쉽게 그림과 글로 엮어내어 누구나 공감할 수 있도록 구성되어 있습니다. 특히 교사의 생애, 교육청과 교육부의 역할, 교권과 학교폭력 등 최근 이슈를 현실적으로 다루면서도, 교직에 대한 사명과 긍지를 잃지 않도록 응원하는 메시지를 함께 담고 있습니다.

교육자로서 이 책을 읽으며 많은 생각이 스쳤습니다. 교사란 단순히 지식을 전달하는 사람이 아니라, 학생들의 삶을 빛나게 하는 길잡이임을 다시금 깨닫게 되었습니다. 교직을 꿈꾸는 사람뿐만 아니라, 현직 교사 그리고 교육 정책을 고민하는 모든 분이 읽어보실 것을 추천합니다. 그 길을 가는 이들에게 따뜻한 위로와 격려가 되어주리라 확신합니다.

- 손성호(호찌민시 한국국제학교 교장)

책을 읽으며 한참 선배인 저도 많이 배웠습니다. 교사로서 궁금했지만, 답을 구하기가 마땅찮은 질문들에 대해 친절하면서도 알기 쉽게 설명해주는 글이었습니다. 또 김차명 선생님이 교실에서 어떻게 아이들을 대할지, 학교에서 동료 교사들과 어떻게 지낼지가 그려져 마음이 따뜻해졌습니다.

아이들에게 좋은 친구와 좋은 어른이 필요하듯, 교사들에게도 좋은 동료와 좋은 선배가 필요합니다. 그들과 교류하며 바람직한 교직관을 만들어갈 수 있으니까요. 하지만 생각보다 좋은 동료 교사를 만나기란 어렵습니다. 오래된 교직 경력이 곧 교육의 전문성을 보장하지는 않으니까요. 다양한 집단과의 교류와, 더불어 끊임없이 배우고 익히는 삶을 지속하지 않으면 교사 역시 대학 시절의 배움에서 멈춰버리기 일쑤니까요.

『그래도 네가 선생님을 했으면 좋겠어』는 그런 의미에서 가장 편하게 만날 수 있는 좋은 동료 교사 같습니다. 그리고 좋은 동료 하나를 만나기가 얼마나 어려운지 아신다면, 이 책을 만난 게 얼마나 큰 행운인지도 알게 되실 겁니다. 책을 읽으며 선생님의 교직 생활이 더 뿌듯하고 더 기대되고 더 설레게 될 테니까요.

- **천경호(실천교육교사모임 회장)**

교사가 된다는 의미와 그 무게감은 사람마다 다를 수 있습니다. 그러나 가벼운 마음이든 무거운 마음이든, 교사라는 직업을 택했다는 것은 단순히 하나의 직함을 얻는 것이 아니라, 자기 삶의 방향을 결정하고 교육 전문가가 되기로 결심했다는 뜻일 것입니다.

교사로서 마주하는 학교 현장은 기대만큼 낭만적이지 않기도 하고, 우리를 실망시키고 좌절시키기도 합니다. 『그래도 네가 선생님을 했으면 좋겠어』는 마음에 멍이 든 교사들에게 따뜻한 위로와 현실적인 조언을 건네며, 교사의 고민을 함께 나누고자 합니다. 현장에서의 경험을 쉽게 풀어쓴 만화와 글을 읽고 나면, 마음 한 편이 충만하고 단단해지는 것을 느낄 수 있을 것입니다. 특히 교직을 꿈꾸는 분과 교직에 들어선 지 얼마 되지 않은 분이라면 더욱 그렇지 않을까 합니다.

저와 마찬가지로 교육자로서 첫걸음을 내딛는 모든 분께, 김차명 선생님의 이야기를 진심으로 추천합니다.

- 김연우 (2024년 초임교사)

목 차

pr.	교사의 일, 그리고 걱정
	008 — 교사라는 직업으로 잘 살아갈 수 있을까?

01.	교사를 선택한 이유
	016 — 어떤 사람이 교사가 되어야 할까요?

02.	공교육의 목적
	024 — 공교육의 목적은 무엇일까요?

03.	교사의 업무
	032 — 교사는 주로 무슨 일을 할까요?

04.	부장교사
	040 — 부장교사는 어떤 일을 할까요?

05.	전문직 전직
	048 — 장학사로 전직하면 어떨까요?

06.	교사 외부강의
	056 — 학생 대상 말고 다른 강의도 할 수 있나요?

07.	교사 겸직
	064 — 교사를 하면서 다른 직업을 가질 수 있나요?

08. 전문적 학습공동체
072 — 전문적 학습공동체에 참여해야 할까요?

09. 직업으로서의 교사
080 — 교사라는 직업의 장점은 무엇일까요?

10. 교사 수입
088 — 교사는 얼마나 벌까요?

11. 교사 퍼스널 브랜딩
096 — 교사 인플루언서가 되고 싶나요?

12. 공무원으로서의 교사
104 — 교사는 몇 급 공무원인가요?

13. 교사 승진
112 — 교장 교감으로 승진은 어떻게 할까요?

14. 우리나라의 교과서
122 — 교과서의 문제는 교과서에 있습니다

15. 디지털 활용과 에듀테크
130 — 디지털 활용과 에듀테크는 필요한가요?

16. AI 디지털교과서
138 — AI 디지털교과서는 교실 혁명을 부를 수 있을까요?

17.	**IB 교육**
	146 — IB 교육이 무엇인가요?

18.	**교육만능론**
	154 — 학교에서 가르치면 학생은 다 배우나요?

19.	**공교육 붕괴**
	162 — 공교육이 붕괴하는 이유는 무엇인가요?

20.	**학교폭력과 학교폭력 예방법**
	170 — 「더 글로리」의 나라, 학교폭력은 처벌만이 답일까요?

21.	**위기의 아이들**
	178 — 학교의 금쪽이들은 어떻게 해야 하나요?

22.	**교권이란?**
	188 — 교권은 어떻게 확립할 수 있을까요?

23.	**교원 징계**
	198 — 교원의 징계는 어떻게 이뤄지나요?

24.	**교육과 법**
	206 — 교육 관련 법은 어떤 것들이 있을까요?

25.	**교육과 정치**
	216 — 교육에도 진보와 보수가 있나요?

26.	**교사 출신 교육감?**
	224 — 교육부장관과 교육감은 왜 교사 출신이 아닐까요?

27.	**교사의 정치 기본권**
	234 — 교사의 정치 기본권은 어디까지 보장이 되나요?

28.	**교원단체**
	242 — 교원단체와 노조를 알아볼까요?

29.	**교육부와 교육청**
	250 — 국가교육위원회는 무엇을 할까요?

30.	**평가**
	258 — 평가는 시험 아닌가요? 입시는요?

31.	**특수교육**
	268 — 특수교육의 미래는 어떻게 될까요?

32.	**타 진로**
	276 — 교사를 그만두고 선택할 다른 진로가 있을까요?

ep.	**교사의 삶, 그리고 용기**
	284 — 나는 그래도 네가 선생님을 했으면 좋겠어

pr. 교사의 일, 그리고 걱정
– 교사라는 직업으로 잘 살아갈 수 있을까?

2023년 여름, 나는 뜨거웠던 교사 집회를 기억한다. 10월 28일, 나는 마지막 집회에서 연단에 섰다. 할 말을 하고서 내려왔는데, 한 젊은 선생님이 다가와 교사로서 이제 더는 버티기 힘들다며, 그만두고 싶다고 털어놓았다. 선생님의 이야기를 들은 나는 고민하다가 조심스레 한마디 말밖에 하지 못했다. "저는 그래도 선생님이, 선생님을 했으면 좋겠어요." 이 책을 그리고 쓰게 된 이유였다.

1:29:300으로 불리는 '하인리히의 법칙'이라는 게 있다. 큰 사고는 갑작스레 터지는 게 아니라, 작은 사고가 반복되다가 벌어진다는 이야기이다. 큰 사고가 터지기 전에는

29건의 작은 사고가 있고, 이 29건의 작은 사고 전에는 300건에 달하는 증상이 보인다고 한다.

물론 1:29:300이라는 비율이 중요한 것은 아니다. 중요한 건 대부분의 큰 사고는 발생 전에 미리, 또 충분히 알아챌 수 있다는 것이다. 그래서 진짜 문제는 작은 증상들이 보일 때 적절히 대처할 수 있음에도 불구하고, 문제를 신경 쓰지 않거나 덮어두는 안이함 그 자체이다. 다시 말해 2023년 곳곳에서 터진 학교의 비극들 역시 작은 사고와 증상들을 덮어뒀기에 터지고만 재앙이라는 뜻이다.

교사들의 자존감은 이미 바닥을 쳤다. 옳고 그름의 여부를 떠나 "교사는 공노비다", "교직 탈출은 지능 순이다"라는 이야기들이 나오는 현상 자체는 자연스럽기까지 하다. 그래서 여기서 이어지는 질문은 이렇다.

"앞으로도 교사의 일을 하며 살아갈 수 있을까?"

2023년 교사 집회 때 10만 명이 넘는 교사가 모였는데, 이 숫자의 인파가 모였음에도 평화롭고 질서정연하게 요구한 것은 단순하고 소박했다. '학생은 배울 수 있게, 교사는 가르칠 수 있게.'

세상의 변화는 갈수록 빨라지고, 사회에서 학교에 바라는 바는 늘어나기만 하는 것만 같다. 이러한 지경에 이르러서도 우리 교사들은 단 하나의 바람으로 학교에 남아있으려 애쓰고 있다. 바로 '가르칠 수 있는 권리', 미래를 이끌어갈 아이들을 바르게 가르치고 싶다는 바람 하나로.

다만 우리 교사들 역시 변화하는 시대에 발맞춰 바뀌어야 하고 새로 알아가야 할 부분들도 분명히 있다. 그래서 이 책, 『그래도 네가 선생님을 했으면 좋겠어』는 이런 시대에도 가르치고 싶은, 교사로 살아가고 싶은 교사 지망생과, 예비교사 그리고 초임 교사들을 위해 쓰였다.

이 책의 전반부에는 교사라는 직업의 역할과 변화하는 환경에 대해 훑고, 이어서 요즘 말이 많은 미래교육과 디지털화 등을 살핀다. 나아가 가장 뜨거운 이슈인 교권침해와 학교폭력의 근본적인 이유와 그 대처 방안 등을 다룬다. 마지막으로 법과 정치의 관점에서 교사가 어떤 위치에 놓여 있는지를 보고 변화를 촉구한다.

이 책에 담은 이야기는 한마디로 '교사의 일' 그 자체이다. 우리 교사들이 학교에서 무슨 일을 어떻게 해야 하고, 또 앞으로 어떻게 잘해갈 수 있을지에 관한 걱정과 고민에 관한 이야기들이다.

나 또한 한 명의 교사로서, 변화하는 시대에 발맞춰 조금이라도 더 괜찮은 교사로 잘 살아갈 수 있기를 원한다. 그런 동시에 나 스스로가 가능한 한 오래도록 교사로 남을 수 있기를 바란다. 그리고 당신 또한 이러한 마음이라고 믿는다.

01 교사를 선택한 이유

- 어떤 사람이 교사가 되어야 할까요?

난 우리 학번 전체 꼴찌로 교대에 입학했다.

OT 앞두고 합격…
그때의 기쁨이 잊히지 않는다.

그래서인지, OT 당일엔 과도 바뀌었다.

아무튼 어렵게
교대에 입학했는데,
왜 이 생각이 났냐면

교대 가면 100%
교사가 되던
시절이었으니…

그러다 4학년 때
경기 지역의 TO가
550명밖에 안 나서
좌절하기도 했다.

다른 동기들이
교대를 선택한
이유를 듣고
주눅 들기도 했지만,

이 말을 듣고
교직관이
완전히 바뀌었다.

태어날 때부터
참교사가 어디 있을까…
다 노력해서
만들어가는 거다.

어떤 사람이
교사가 되어야 하느냐가
중요한 것이 아니라

"요즘 젊은 쌤들은 다 모범생 출신이라 어려운 아이들의 맘을 모르죠."

"에이… 그러면 의사는 불치병 정도 걸려본 사람이 해야 하나요? 문제는…"

교사를 꿈꾸는 이들이
'좋은 교사'로 성장하도록
돕고 있느냐가 핵심.

아이들과 행복한 교실!

열정적인 교사가
'철밥통' 교사가 되는 데는
시간이 그리
오래 걸리지 않는다.

칼퇴나 했으면
내 열정은 퇴근 후에…

초임   몇 년 뒤

교사가 된다는 것

EBS에서 주관한 교권 관련 토론회에 참여했을 때의 일이다. 상대편에 있던 한 교수님이 "요즘 젊은 선생님들은 다들 모범생이었어서 어려운 아이들의 마음을 잘 모른다"라고 말했다. 그 순간 나는 곧바로 이렇게 대답했다. "그렇다면 의사는 불치병에 걸려본 사람만 하고, 판사는 감옥에 다녀온 사람만 해야 하나요?" 어린 시절 어려운 경험을 겪은 사람이 아이들을 더 따뜻하게 대할 것이라는 환상은 얼핏 보기엔 그럴듯해 보이지만, 사실은 고정관념에 가깝다.

물론 개인적으로 어려웠던 경험이 있다면 아이들을 이해하는 데 도움이 될 수도 있다. 그러나 그것이 훌륭한 교사가 되는 절대적인 조건은 아니다. 중요한 것은 교사의 배경이 아니라, 그가 '얼마나 노력하고 성찰하며 아이들에게 진심을 다하는가'이다. 그래서 교직에 우수한 자원이 들어오는 현상은 교육계에 매우 고무적이다.

내 주변의 동료 교사들을 떠올려봐도 그렇다. 그들의 성격이나 성장 배경은 모두 제각각이다. 어떤 교사는 항상 밝고 활발하며, 또 어떤 교사는 조용하고 신중하다. 그러나 소위 '좋은 교사'라 불리는 동료들에게는 개인의 성향과 무관한 공통점이 있다. 바로 마음에 여유가 있다는 점과, 이유야 어쨌든 끊임없이 노력한다는 점이다. 아이들을 가르치는 일에는 몸과 마음이 굉장히 소진되기에 마음의 여유를 갖고 끊임없이 노력하기란 정말 쉽지 않다.

그래서 우리가 진정으로 고민해야 할 것은 '어떠한 사람에게 교사가 될 자격이 있는가'가 아니다. 그보다는 '훌륭한 사람들이 교직을 선택했는데, 왜 어느 순간 철밥통 교사가 되는가'라는 질문으로 돌아가야 한다. 아무리 힘든 직장이라도 자신이 성장한다는 느낌을 받으면 몸과 마음이 소진되는 이상의 의욕이 샘솟는다. 하지만 현재의 학교 시스템은 열정적인 교사들의 희생만을 강요한다. 이런 시스템은 교육에 대한 의욕을 차츰차츰, 그러다가 어느 순간 온전히 꺾어버리고 만다. 교사의 성장을 지원하는 구조와 환경이 없이는, 아무리 우수한 자원이 들어온다고 해도 결국 '철밥통 교사'가 되는 일을 막을 수 없을 것이다.

　　이 길을 선택한 사람들이 후회 않고 아이들과 함께 하루하루 성장하는 느낌으로 즐겁게 살았으면 좋겠다.

02 공교육의 목적
– 공교육의 목적은 무엇일까요?

공교육의 목적을 물어보면 다양한 의견이 나오는데,

대부분이 학생의 행복, 혹은 어려운 환경에도 불구하고 용이 될 수 있는 '기회의 사다리' 이야기도 자주 나온다.

OECD에서 2019년에 발표한 '학습 나침반 2030'을 보면…

가운뎃 손가락 아님.

그냥 '잘 사는 것.'

교육의 목적은 상당히 단순하다. '웰빙(well-being)'이다.

웰빙을 위한 역량은 다음의 세 가지이다.

죄송합니다. — 책임 의식

워워… 진정해. — 갈등과 딜레마 조정

아하! — 새로운 가치 창출

그런데 우리나라는 거꾸로 돌아가는 중이다.

사실 행복이라는 것은
매우 주관적이다.
이러한 생각은
'수요자 중심 교육'에
뿌리를 두고 있다고
보이는데,

행복해서
웃는 게 아니고
웃어서
행복한 겁니다!

분명한 것은 공교육이
국가가 국민에게 제공하는
일종의 '교육 서비스'는
아니라는 점이다.

수요자 중심 교육은 1995년 김영삼 정부 시절의 '5·31 교육개혁'에 많은 영향을 받았다.

사람마다 평가는 갈리지만, 아무튼 30년이 지난 지금까지 우리나라 교육 전반에 막대한 영향을 미친 건 확실하다.

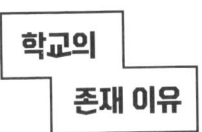
학교의 존재 이유

경기도교육청에서 장학사로 근무할 때의 이야기다. 초등학교 1학년 입학을 앞둔 학부모들을 대상으로 강연하며 학부모들에게 공교육의 목적이 무엇이라 생각하는지 물어봤다. 많은 학부모가 '아이의 행복'이라고 답했다.

"땡!"

그 답에 나는 단호하게 틀렸다고 말했다. 순간 분위기가 어색해졌지만, 이어서 이렇게 설명했다. "아이들의 행복이 공교육의 목적이라면, 왜 학교에 보내시나요? 집에서 유튜브나 보여주고 인스턴트 음식 먹이는 게 아이들에게 가장 행복한 방법이 아닐까요?"

조금 냉정하게 들릴 수 있지만, 학교는 아이들의 행복만을 위한 공간이 아니다. 학교는 아이들이 미래 사회를 살아갈 기초적이고 기본적인 소양을 익히는 곳이다. 여기에서 공교육의 본질과 목적이 드러난다. 이어서 나는 학부모들에게 OECD에서 제시한 세 가지 변혁적 역량을 강조했다.

새로운 가치 창출

학교는 단순히 교과서를 가르치고 지식을 주입하는 곳이 아니다. 교과서를 통해 세상을 배우고, 새로운 가치를 창출하는 법을 배우는 곳이다. 다양한 방식으로 세상을 탐구하고, 스스로 새로운 가치를 만들어가는 법을 익혀야 한다.

갈등 조정하기

어른들의 사회와 마찬가지로 아이들의 사회에서도 갈등은 당연히 생긴다. 소소한 다툼은 물론이고, 때로는 학교폭력과 같은 심각한 문제도 일어날 수밖에 없다. 이때 정말로 중요한 것은 아이들이 이 갈등을 해결하는 방법을 배우는 것이다. 그런데 "가슴이 찢어진다"라며 부모가 문제에 바로 개입하는 순간, 아이는 갈등을 조정하는 경험과 역량을 쌓을 기회를 잃고 만다.

책임감 가지기

학교는 아이들이 자신이 한 행동에 책임감을 가지도록 가르치는 곳이다. 물론 체벌이나 아이들에게 트라우마를 주는 방식은 시대에 맞지 않는다. 그러나 교칙에 따라 규율을 지키고, 잘못된 행동에 대해 책임지는 법을 배우는 것은 아이들에게 필수적이다.

OECD의 자료를 근거로 이 세 가지를 설명하자 학부모들은 고개를 끄덕이며 수긍했다. 공교육의 본질은 바로 이러한 공공성에 있다. 오늘날 사회는 학교에게 수요자 중심 교육, 개별 맞춤형 교육을 점점 더 강조하고 있다. 그러나 공교육은 개인만을 위한 교육이 아니라, 공동체와 사회를 위한 교육임을 잊어서는 안 된다. 공교육의 핵심은 모든 아이들이 평등하게 배우고, 함께 성장하며, 더 나은 사회를 만들어가게끔 돕는 것이다. 공교육이 존재하는 이유는 이 때문이다.

03 교사의 업무
- 교사는 주로 무슨 일을 할까요?

우리나라 교사는 많은 일을 한다.

대충 생각나는 대로만 해도… 국어, 수학, 사회, 과학, 음악, 미술, 체육, 실과, 도덕, 영어 과목에, 창체, 민주시민교육, 경제, 성평등, 장애이해교육 등 수많은 범교과… 그것을 실행하기 위한 각각의 지도 계획서, 수업용 콘텐츠, 그리고 교과별 평가와 기록… 여기까지가 수업 관련.

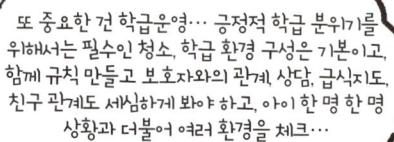

또 중요한 건 학급운영… 긍정적 학급 분위기를 위해서는 필수인 청소, 학급 환경 구성은 기본이고, 함께 규칙 만들고 보호자와의 관계, 상담, 급식지도, 친구 관계도 세심하게 봐야 하고, 아이 한 명 한 명 상황과 더불어 여러 환경을 체크…

그래도 여기까지는 아이들을 위한 것이니 기쁘게 할 수 있다지만…

특히 초등교사는 정말 다양한 일을 한다.

일단 교사도 공무원이니 법령을 살펴보면 다음과 같다.

"학급담당교원은 학급을 운영하고 학급에 속한 학생에 대한 교육활동과 그와 관련된 상담 및 생활지도 등을 담당한다."
-「초·중등교육법」제 3b조의5 3항

결국 '학급운영',
'학생에 대한 교육활동',
'상담', '생활지도' 등이
핵심인데,

실제로 제일
많이 하는 것 같은데…

아무리 법령을 찾아봐도
'행정업무'와 관련된
조항은 안 보인다.

나 같은 경우는 이 루틴이 매일매일 이어진다.

교사가 정말 힘든 이유를
누가 물어보면
난 항상 다음처럼 말하는데,

교사는 위 루틴을
40년 가까이해야 한다.
그런데 하면 할수록 어렵다.
대표적인 것이 '공개수업'.

한 분야에 수십 년 종사하면
일이 갈수록 쉬워져야 하는데,
매년 어려워진다는 사실…

그만큼 아이들이 빨리 변하고,
학교에 들어오는 정책도
계속 바뀌기 때문이다.

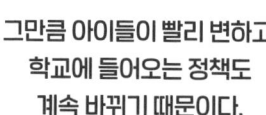

아무튼 계속 노력해야
수업이든, 상담이든, 생활지도든
현상 유지라도 가능하다는 점은
확실해 보인다.

적극성이 나를 구원한다

언제부터인가 교사들 사이에서 "월급 받은 만큼만 일하자", "필요 이상의 열정을 쏟지 말자", "과도하게 친절하지 말자"라는 태도가 유행처럼 번진 것 같다. 이런 이야기를 접할 때마다 단순히 교직의 문제만이 아니라, 사회 전반의 흐름이 교직에 반영된 게 아닌가 싶다. '조용한 퇴사(Quiet Quitting)'라는 말이 유행처럼 퍼지고 있는 지금의 풍조에는, 조직보다 개인의 삶을 더 중시하는 태도와 과도한 열정이 초래하는 소진에 대한 경계가 자리 잡고 있다.

솔직히 어느 정도는 공감한다. 과도한 헌신과 희생을 요구하는 분위기 속에서 자신을 지키기 위해 이처럼 선을 긋는 것은 보기에 따라 현명한 사고방식일 수 있다. 하지만 한편으로는, 자신의 역할 범위를 명확히 정하고 그 안에서만 활동하려는 태도가 때로는 일종의 도피로 느껴질 때도 있다. 선을 명확히 그어두고 두려움이나 갈등 상황을 애초에 만들지 않으려는 모습은, 두려움을 극복하기보다는 회피하려는 선택처럼 보이기도 한다. 문제는 직장에서의 일들이란 그어놓은 선 안에서만 흘러가지 않는다는 것이다.

아들러 심리학에서는 '두려움을 마주할 용기'를 강조한다. 두려움을 피하지 말고 정면으로 마주하며, 지금 당장 할 수 있는 작은 일부터 시작하라고 조언한다. 나도 그런 마음으로 바쁠수록, 복잡할수록 내가 할 수 있는 사소한 일부터 시작하려고 노력한다.

"퇴근 시간만 기다리고, 방학만 기다리면 나머지 아이들과 함께하는 시간은 얼마나 힘들까? 물론 퇴근과 방학을 기다리는 건 너무나 자연스럽지만, 결국 나를 구원하는 것은 바로 내 적극성이라고 생각해."

이런 이야기를 예비교사들에게 한 적이 있다. 물론, 열정이 지나쳐 스스로를 소진하는 것은 반드시 경계해야 한다. 모든 에너지를 학교에서 쏟아부은 뒤, 정작 자신을 돌보지 못하게 된다면 그건 그것대로 큰 문제다. 하지만 지나치게 선을 긋고 모든 열정을 꺼뜨린 상태로 교직에 임하면, 결국 내 평범한 하루하루의 일상이 지나치게 버겁게 다가오는 순간을 마주할 수밖에 없다.

    적극적으로 하루를 대하는 태도는 내가 아이들과 보내는 시간을, 내 삶에 큰 지분을 차지하는 시간을 조금 더 의미 있게 만들어준다. 결국, 내가 처한 상황을 바꾸는 힘은 나의 태도와 마음가짐에 달려 있다. 그 여정에서 적극성이야말로 나를 지탱하고, 나를 구원해줄 가장 큰 원동력이라고 믿는다.

04 부장교사

– 부장교사는 어떤 일을 할까요?

보통 사회에서는
'부장'이라고 하면

네X버 화요 웹툰 「김부장」

비교적 직급이 높거나
성공한 사람으로
인식되는 게 일반적이다.

하지만 학교에서는 다르다.
'부장'이라는 단어만 보면
승진의 느낌이 들지만…

올~~ 참쌤
너 올해 부장됐다며?
승진한겨?

사회에서의 부장과는 다르게
학교의 각종 행정업무를 도맡아 하는 일꾼일 뿐이다.

보직교사, 즉 부장은 주로 '학년부장'과 '기능부장'으로 나뉜다.
학년부장은 학년 단위 업무를,
기능부장은 과학, 체육 등 학교 행사나 행정업무를 담당한다.

물론 부장 자리에는
여러 장점도 있지만,

승진 안 할 거면…
가산점은… 딱히…

하하…

수당도 일하는 거에 비해…
너무 적ㅇ…

그 장점이 크게 와닿지는 않는다.

교감하기
힘들다…

상황이 이렇다 보니
학교에서는
부장교사 찾아 삼만 리.

허허 이 정도
경력이면
내가 해야지.

중등은 그래도
경력이 있는 교사가
부장을 맡아야 한다는
의식이 강하지만,

초등은 최근까지만 하더라도
초임교사가
부장을 맡는 경우가 허다했다…

부장 업무를 맡으면
담임 업무를 뺄 수 있는
중등과 다르게, 초등은
부장을 해도 대부분
담임을 맡을 수밖에 없다.

그래서 내가 생각하는
'좋은 학교'의
기준 중 하나는
경력이 있는 교사가
부장을 맡는지,
신규에게 넘기는지
여부이기도 하다.

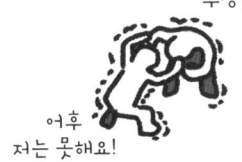

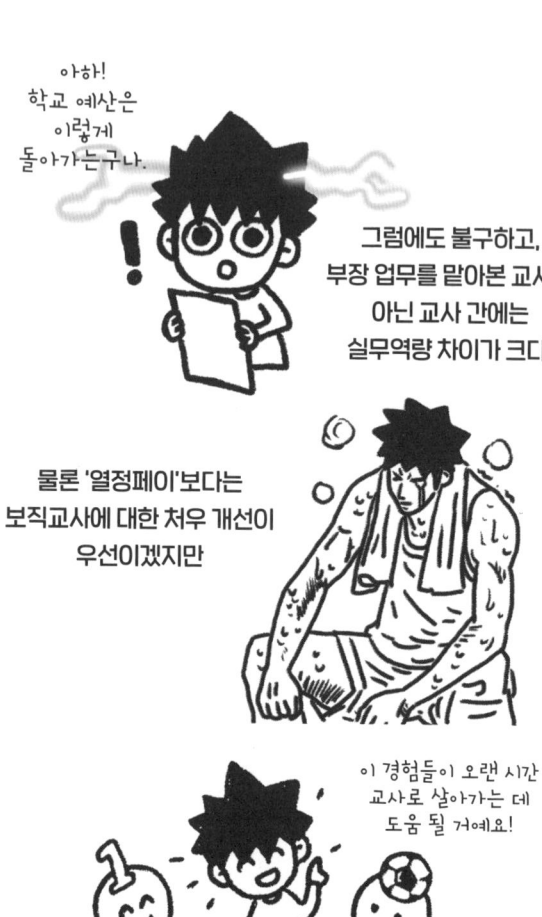

부장교사라는 경험

난 교육경력이 짧지는 않지만 부장교사 경험은 상대적으로 짧은 편이다. 초임 시절에는 승진을 준비하는 선배 교사가 다수인 학교에서 근무했기에 경험을 쌓을 기회가 적었고, 이후 경력이 조금 쌓이고는 장학사로 오래 근무하며 부장교사를 맡을 기회가 없었다. 지금까지 과학정보부장, 방과후부장, 1학년 학년부장 정도만 맡아봤다.

「초·중등교육법」 제19조 3항에 따르면, "학교에는 원활한 운영을 위하여 교사 중 교무를 분담하는 보직교사를 둘 수 있다." 이 규정에 따라 학교는 그 규모에 맞게 보직교사를 둘 수 있다. 내가 근무하는 경기도교육청 기준에 따르면

6~11학급은 부장교사 3명, 12~17학급은 5명, 18~23학급은 7명, 24~29학급은 9명, 30학급 이상은 11명, 36학급 이상은 12명까지 배치가 가능하다.

　부장교사를 하면 여러 장점이 있다. 학교운영과 행정 업무를 맡으면서 시야를 넓힐 수 있고, 업무 강도가 높은 만큼 성과급 평가에서도 최고 등급을 받기가 수월하다. 또 승진에 필요한 가산점도 쌓을 수 있다. 보통 부장교사 점수 가산점 만점을 받으려면 약 8년간 부장교사직을 맡아야 한다.

　초등학교와 중고등학교의 부장교사 문화에는 차이가 있는 편이다. 중고등학교에서는 부장교사를 경력 있는 교사가 맡는 편인데, 초등학교에서는 상대적으로 경력과 무관하게 부장직을 맡는 경우가 많다. 초등학교에서는 심지어 1년차나 2년 차 경력의 2급 정교사가 부장을 맡는 모습도 자주 볼 수 있다. 이러한 차이는 초등학교에서는 부장교사든 평교사든 대부분 담임을 맡는 데 반해, 중고등학교에서는 부장을 맡으면 담임을 하지 않는 경우가 많기 때문으로 보인다.

　부장교사의 업무 강도는 일반 교사의 업무에 비해 상당히 높은 편이다. 이로 인해 부장교사를 심각하게 기피하는 지역이 있을 정도이다. 그나마 승진 열기가 높은 지역에서는 부장교사 자리를 두고 경쟁도 벌어지곤 하지만, 최근에는 그

열기가 식으면서 교감선생님이 내년에 근무할 부장교사를 찾기 위해 고군분투하는 모습을 보이는 지역도 드물지 않다.

　　부장교사의 수당이 2024년 1월부터 2배 이상 인상되었다. 얼핏 듣기에는 봉급을 2배로 올려주는 것처럼 파격적으로 들리지만, 실제로는 월 7만 원에서 15만 원으로 인상된 수준이다. 게다가 부장교사 수당이 2003년부터 2023년까지 무려 20년 동안 동결됐던 점을 고려하면 이번 인상은 결코 만족할 수준은 아닌 것으로 보인다. 그나마도 2023년 교사 집회 이후에야 이루어진 인상이라 더욱 큰 아쉬움이 든다.

　　교육계에서는 새로운 정책이나 업무를 추진할 때, 승진 가산점을 유인책으로 곧잘 써먹었다. 방과후학교, 학교폭력 업무, 최근의 늘봄실장 제도 등이 그 예다. 승진 가산점이 여전히 필요한 교사들에게는 유용할 수 있지만, 갈수록 그 실효성이 떨어지는 유인책이 될 가능성이 크다. 앞으로는 수당 확대와 같은 현실적인 대안이 필요해 보인다.

　　부장교사직이 업무가 많고 그에 비해 보상도 충분하지 못해 보이긴 하지만, 부장교사를 경험해보면 학교 운영에 대한 시야가 확연히 넓어지고 밝아진다. 그리고 최근에는 장학사 시험에서도 부장교사 경력을 우대하는 추세다. 기회가 된다면 부장교사 역할에 열정을 쏟아보기를 추천한다.

05 전문직 전직

– 장학사로 전직하면 어떨까요?

지금은 다시 교사이지만,
나는 3년간의 교육청
장학사 경력이 있다.

본청(교육청), 교육지원청,
직속기관에서 모두 근무해보고
'교사'로 돌아온 사람은
우리나라 전체에 아마
나 혼자이지 않을까?
(아니면 말고)

보통 장학사 '승진'이라는
말을 쓰기도 하는데,
이건 완전히 틀린 표현이다.

교사와 장학사는 같은 '급'이다.
그래서 승진이 아니라 '전직'이라고 한다.
내가 교사로 돌아올 수 있었던 것도 이 때문.

교사
- 학교에서 근무하는 교육 전문가

국가공무원
방학 있음. 비교적 빠른 퇴근.
비교적 업무 부담 덜함. 수업이 주 업무.
연가 자유롭게 못 씀.
연가보상비 없음.

장학사
- 교육청에서 근무하는 교육 전문가

지방공무원
방학 없음. 비교적 늦은 퇴근.
비교적 업무 부담 큼. 업무 자주 바뀜.
연가 비교적 자유롭게 씀.
연가보상비 있음.

지역마다 다르지만
장학사 시험은 보통
12년 이상 교육 경력이 있으면
지원 가능하고

정책 기획, 논술,
심층 면접 등
시험에 합격해야 한다.

교사와는 완전히
다른, 새로운 길을
걷게 되는 거죠.

장학사 업무는
업무 강도가 꽤 강한 편이다.
(케바케이지만)

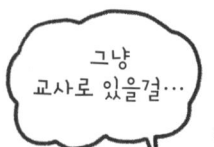

교사 업무는 비교적
재량껏 할 수 있는 것이 많고,
장학사 업무는 반드시
근거가 있어야 하는 것이 많다.
스케일도 크다.

장학사 되면 거기에
교장, 교감 민원까지 추가돼요.

교육지원청에서
근무할 때의 일인데,
나름 선생님들의 업무를
덜어주고 싶어
공문 대신 간단하게
구글로 정보를 넣어달라고
메시지를 보냈다.

그 이후로는 흑화 해서 원리원칙대로 함.

내 생각에, 장학사 전직의 장점은 5가지 정도인 것 같다.

전체적으로 교육청과 장학사 업무는 늘어가는 추세로 보인다.

아무튼 예전에는
권위적인 장학사도 많았지만,
요즘은 현장 지원에
최선을 다하는
장학사가 대부분이고,

앞에서 언급한 5가지 장점에 가슴이 뛴다면 장학사의 길도 추천한다.
(아래는 내가 직업을 선택하는 4가지 기준)

직장에서 자율성과   성장한다는 느낌   워라밸   보상 문제
동료관계

장학사를 경험하며 깨달은 것들

나는 경기도교육청 홍보기획관실(당시 대변인실)에서 장학사 2년, 그리고 경기도광명교육지원청에서 1년, 총 3년간 장학사로 근무했다. 그전에 교육청으로 파견 나간 2년까지 합치면 교육청에서만 5년을 근무한 셈이다. 지금은 다시 교사로 돌아왔지만, 장학사로서 교육청에서 근무했던 5년의 시간은 내 교육 경력에서 어마어마한 전환점이자 배움과 경험의 기회였다.

가끔 장학사의 장점이 뭐냐고 질문을 받는데, 내 경험에 따르면 다음과 같다.

첫째, 교육 전문가로서의 위상

교사와 장학사는 '같은 직급'이지만 외부에서 봤을 때는 아직도 그 시선에 차이가 있는 것 같다. 권위주의 시절, 장학사가 학교에 방문할 때면 교실 바닥에 왁스칠 해본 사람들은 알 것이다. 나는 장학사 임기를 마치고 교사로 돌아온 지금이 교육자로서의 전문성도 더 높아졌다고 생각하지만, 외부에서 봤을 때는 장학사 시절이 교육 전문가로서 위상이 더 커 보이는 듯하다. 한마디로 '있어' 보인다.

둘째, 교감 승진의 가능성

교감이 되기 위해서는 보통 오랜 시간 철저하고 꾸준한 준비가 필요하다. 가산점도 챙기고, 운도 따라야 한다. 반면 장학사는 비교적 빠르게 교감 승진의 기회를 얻을 수 있다. 장학사를 5~7년 정도 하면 교감으로 전직할 가능성이 생기니, 승진을 고려한다면 장학사 전직은 큰 장점이 될 수 있다.

셋째, 다양한 사람들과 넓은 시야

장학사의 업무는 단위가 크고, 학교에서 접하기 어려운 다양한 사람들과의 교류가 필수적이다. 여러 분야의 전문가, 정책 입안자, 외부 기관 등과 협력하며 시야와 네트워크를 넓힐 수 있다. 이러한 경험은 다시 교사로 돌아왔을 때도 새로운 관점으로 교육을 바라볼 수 있게 한다.

넷째, 업무의 자기주도성

교사는 매일 같은 시간에 출근해 아이들을 맞이하고, 정해진 시간표에 따라 움직여야 한다. 하지만 장학사는 비교적 유연하게 시간을 활용할 수 있다. 예를 들어 점심시간에 외부 미팅을 겸한 식사를 하거나, 상황에 따라 출퇴근 시간을 조율할 수 있다. 이러한 자기주도성은 교사보단 장학사가 더 크다.

다섯째, 고위공무원으로의 승진 가능성

교사로서의 최대 승진은 대부분 교장(4~5급 대우)이다. 하지만 장학사로 전직하면 교육청에서 부교육감(1~2급 상당)이나 교육장(3급 상당)과 같은 고위직에 오를 가능성도 열린다. 물론 매우 어려운 일이지만, 목표를 갖고 도전하는 사람들에게는 분명한 동기부여가 될 수 있다.

이 5가지 장점 중 하나라도 가슴이 뛰는 이유가 있다면, 장학사 전직을 과감하게 도전하길 추천한다. 물론 이것들 말고는 단점이 많긴 하다.

06 교사 외부강의
– 학생 대상 말고 다른 강의도 할 수 있나요?

SNS를 하다 보면 이런 질문을 많이 받는다.

교사하면서 겸직도 가능한가요?

그대의 눈동자에…

결론부터 얘기하면 웬만한 건 모두 가능하다.

일단 헷갈리는 게 '외부강의'와 '겸직'인데, 공통점은 둘 다 기관장(교장)에게 '신고(허가 득)'를 해야 한다.

먼저 외부강의.
외부강의라고 하면
학교 밖에서 강의하는 것 모두를
외부강의라고 생각하기 쉬운데,

국가기관(교육청, 학교, 교대) 등에서 강의하는 것은
외부강의 신고대상이 아니다. 그래서 신고하지 않아도 된다.

"외부강의이지만 신고 안 해도 됨."

"강의 형태가 아니라도 신고 필요."

하지만 그 외의
외부기관에서라면,
강의뿐만 아니라
외부 기고, 회의, 토론회 등도
전부 외부강의이니
신고해야 한다.

물론 그만큼 줘야 하지만.

**외부강의 강의료로
교사는 시간 당 100만 원까지
받을 수 있다.**

게다가 하루 상한선이 없다.
이론상 하루 2,400만 원까지도
받을 수 있다는…

물론 현실적이진 않음.

재밌는 건 교육청에 근무하는 장학사는
시간당 40만 원, 하루 60만 원
상한이 걸려 있다는 점.

우리나라에서 강의를 가장
많이 나간 교사 중 하나가 나일 텐데,

나름 15년 차 강사!

〈캘린더〉

가장 기억에 남는
에피소드가 있다.
어느 한 겨울방학 때의
일이었는데…

오늘은 쉴 수 있겠군.

흐얼? 집인데?!

〈캘린더〉

멍청하게 캘린더 일정을
하루씩 밀어서 저장하고 만 것.
아무 생각 없이 집에 있는데,
강사님 잘 오고 있냐고
연락이 왔다…

강사님! 오고 계시죠?!

흐얼… 잘못 알려드렸네…

외부강의의 가장 어려운 점은
내가 알고 있는 정보가
여전히 유효한지,
더 의미 있는 것은 없는지
끊임없이 되돌아봐야 한다는 것.

나름 롱런의 비결은 꾸준히 책을 읽고 좋은 강의를 계속 듣는다는 것?

교직과 똑같다.
꽤 경력이 쌓여도
늘 바뀌니 늘 부족하고,
그러니 계속
공부할 수밖에 없다.

명강사의 조건은 여러 가지가 있겠지만 대략 이렇지 않을까?

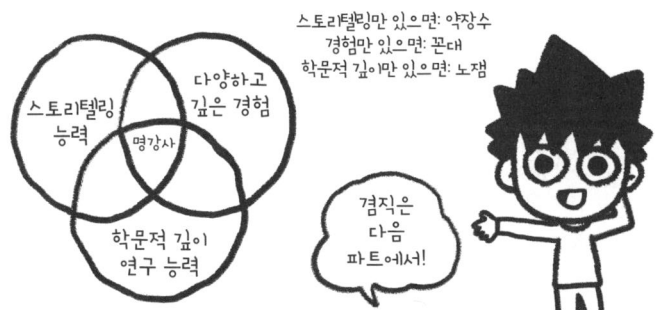

스토리텔링만 있으면: 약장수
경험만 있으면: 꼰대
학문적 깊이만 있으면: 노잼

겸직은 다음 파트에서!

교사가 외부강의도 가능한가요?

"겸직 신고를 하셔야 안전하십니다."

모 교육청 교육연수원에서 긴 호흡의 연수 강사를 맡은 적이 있다. 초임교사들을 대상으로 소규모 분임을 나누어 5~6차례에 걸쳐 만나며 멘토링 하는 연수였다. 이 연수는 교육연수원이 교육대학교에 외주를 줘 이뤄졌는데, 당시 강사들이 '겸직 및 외부강의 신고'에 대한 문의를 꽤 했었다고 한다.

연수원의 담당 연구사는 「공무원 행동강령」의 "대가를 받고 수행하는 외부강의는 월 3회를 초과하지 않는 범위에서 상한을 규정할 수 있다."라는 내용을 근거로 강사들에게 겸직 신고를 하라고 안내했다. 강사들을 신경 써준 마음은 고마우나, 이는 규정을 잘못 해석한 것이다. 교육청 교육연수원이나 국립대학교인 교육대학교는 모두 국가나 지방자치단체 소속이기 때문에, 이들 기관에서 요청받은 외부강의는 외부강의 신고대상이 아니다. 즉, 한 달에 몇 번을 하더라도 외부강의 횟수 제한에 걸리지 않는다.

강사들 사이에서 논란이 이어지자, 담당 연구사는 "겸직 허가 신청을 하시는 것이 안전하다"라고 말했다. 이 말에 많은 강사가 겸직 신고를 하게 되었는데, 이 과정에서 강사는 내부 기안을 작성하고 교장과 교감에게 해당 연수에 대해 일일이 설명하며, 교감은 이를 바탕으로 분기마다 겸직 허가 실태 점검표를 작성하는 등 번거로운 행정 절차를 거쳐야만 했을 것이다.

초임교사들을 꾸준히 만나 멘토링 하는 활동은 현직교사가 아니면 그 누구도 할 수 없다. 실제로 교직 현장에서 아이들과 마주하는 경험이 있는 교사가 아니면 초임교사들에게 진정성 있고 의미 있는 조언을 하기 힘들다. 그런데도 이러한 활동을 외부강의나 겸직으로 묶어 강사가 본연의 업무 외에 다른 일에 눈 돌리는 것처럼 비칠 수 있다는 점이, 매우 안타깝고 유감스럽다.

그래도 교사들이 다양한 활동을 할 수 있는 환경이 예

전에 비해 훨씬 나아진 것 또한 사실이다. 한때는 교사가 외부에서 수입을 얻는 것 자체를 매우 부정적으로 바라보는 시각이 강했다. 하지만 이제는 이러한 인식도 많이 변화했다.

지금처럼 교사들이 자신의 전문성을 바탕으로 다양한 분야에서 활동한다면, 앞으로는 더욱 긍정적인 변화가 이어질 것이라고 믿는다. 교사의 경험과 역량이 확장될수록, 이는 교육 현장에 새로운 동력을 제공하고 학생들에게도 더 풍부한 배움의 기회를 만들어줄 것이다.

07 교사 겸직

- 교사를 하면서 다른 직업을 가질 수 있나요?

외부강의에 이어 교사의 겸직에 대해 알아보자. 교사를 하면서 다른 직업을 갖는 게 가능할까?

있었는데요, 없었습니다.

외부강의는 '대가', 즉 돈을 받았냐 안 받았냐가 중요한데 (안 받으면 외부강의 아님)

겸직은 대가성보다는 '계속성'과 '연속성'을 주로 본다.

주기적으로, 계속적으로 이루어지는가?

즉 대가(돈)를 받았더라도
앞으로 이어지는 일이 없다면
겸직 신고를 하지 않아도 된다.

대표적인 것이 책,
단행본 출판인데

분명 교직 외의
개인적인 일이고,
인세로 꾸준히 돈도 받지만
겸직 신고를 안 해도 된다.

아무튼 이 계속성과 연속성이 어려운데, 가끔 판단 기준이 애매할 때가 있다.

흠…

계속성   연속성

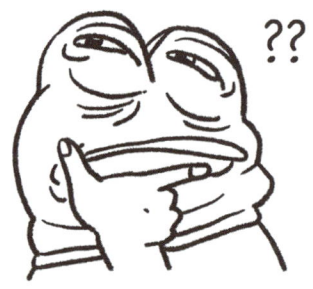

예를 들어 교과서 집필은 단권 작업이지만 집필을 위해 꾸준하게 회의 등을 했다고 판단해, 겸직 신고를 해야 한다.

참고로 주식이나 코인 투자는 겸직, 외부강의 둘 다 신고하지 않아도 된다.

부동산 투자도 포함!

아무튼
외부강의든 겸직이든
지속 가능성을 위해
가장 중요한 것은 무엇보다
본인의 콘텐츠이다.

내가 개인적으로 콘텐츠를 만드는 방법은 이 정도인데,

대학원에 진학하거나,
참쌤스쿨 같은
크루 형태의
전문적 학습공동체에
참여하는 것도 추천한다.

아무튼 교사라는 직업의 장점은
여유 시간을 확보하기
비교적 쉽다는 점인데,

이젠 이런 시선도
많이 사라졌고,

경제적인 부분은
누구에게나 중요하니,
규정을 잘 지켜가며
자신만의 목표 달성에
도전하기를 응원한다.

교육의 질을 위해서라도 필요한 외부강의와 겸직의 기준 완화

나는 저경력 시절에 정말 운이 좋았다. 교직에 들어온 지 얼마 되지 않은 때부터 외부강의와 겸직 기회를 많이 얻었다. 그 덕에 다양한 곳에서 사람들을 만나면서 교사로서 여러 경험을 쌓을 수 있었다. 그 경험들을 SNS에 꾸준히 기록하며 외연을 더욱 넓히게 됐는데, 그 모든 과정이 내가 교사로서의 삶을 사는 데 커다란 자산이 되었다. 이에 대한 부작용도 없지는 않다. 저경력 시절부터 지금까지 꾸준히 "승진하려고 그러느냐"는 질문을 많이 받고는 한다. 하지만 나는 교장이나 교감 승진에 전혀 관심이 없다.

요즘 젊은 교사들을 보면 승진보다는 외부 수입을 얻거나 소위 '교사 인플루언서'가 되는 것에 더 열정을 쏟는 경우가 많다. 혹자는 이런 현상을 두고 교사 답지 못하다며 혀를 차지만, 다른 각도에서 보자면 이런 현상은 당연하다고까지 할 수 있다. 신규 교사의 월급은 박봉에 가깝고, 연금 개혁 이후에는 공무원의 큰 장점 중 하나였던 안정적인 연금조차 크게 기대하기 어려워졌기 때문이다. 이런 현실에서 젊은 교사들이 겸직에 눈을 돌리는 것은 너무나 자연스러운 수순이다.

정치권에서는 국정감사 때마다 "교사들의 겸직이 매년 증가하고 있다"라는 보도를 쏟아내며 외부 활동을 부정적으로 바라본다. 이런 기사를 볼 때마다 답답한 마음이 차오른다. 교사들이 학교에서 맡은 역할을 충실히 한 뒤에, 남는 시간에 하는 겸직에 어떤 문제가 있다는 것인지, 왜 부정적으로만 평가하는지 이해하기 어렵다. 특히, 교사들이 외부강의와 겸직으로 신고하는 활동은 대부분 교육과 관련 있는 저술, 집필, 검토 등이다. 이런 활동을 교육 전문가인 교사가 하지 않으면 도대체 누가 할 수 있을까?

교사들이 본업에 충실하면서도 다양한 경험을 쌓으며 전문성을 확장하고, 더 나아가 사회에 기여할 기회가 늘어나면 교육 경험과 전문성 간에 선순환 구조가 형성된다. 다시 말해 교육의 질 또한 절로 오르게 된다는 말이다. 교사의 역할을 학교 안에 가둬두기보다는, 그들이 가진 전문성과 열정을 더 큰 무대에서 발휘할 수 있도록 길을 열어주는 것이 우리 교육과 사회 모두를 위한 길이라는 생각이 든다. 경제적인 부분도 물론 중요하지만, 교육의 질을 위해서라도 외부강의와 겸직 기준을 완화했으면 하는 바람이 있다.

08 전문적 학습공동체
– 전문적 학습공동체에 참여해야 할까요?

보통 연수라고 하면,
1급 정교사 연수 같은
집합 연수를 떠올리기 쉽다.

이것들이 물론 효율적인
연수 방식은 맞지만,
일회성, 이벤트성이라는
한계도 분명히 있다.

이 대안으로
여러 교사가 함께 꾸준히
교육의 전문성을 개발하고자
모임을 조직하기 시작했다.

이런 모임이 바로
'전문적 학습공동체'이다.
지역에 따라 '교사 학습공동체'
등으로도 불린다.

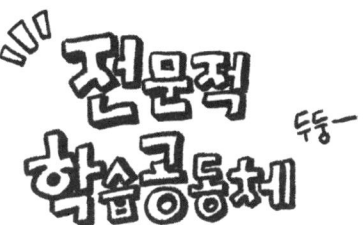

전문적 학습공동체는
미국의 교육학자
댄 로티(Dan C. Lortie)의
저서 『교직 사회』에서
그 기원을 찾을 수 있다.
*『교직 사회』(양서원, 2002)

1970년대 미국 교사들에게는 개인주의적 문화가 팽배했었는데,
이를 개선하기 위해 댄 로티는 교사들에게
자발적 학습 모임을 제안했다.
전문적 학습공동체는 이렇게 탄생했다.

전문적 학습공동체는 크게 '학교 안 전문적 학습공동체'와
'학교 밖 전문적 학습공동체'로 나눌 수 있는데,

학교 안 전문적 학습공동체는
교내에서 제도적으로 모이며,
교육청의 학점 인정도 받을 수 있다.
단, 자발성을 가늠할 수 없는 게 아쉽다.

학교 밖 전문적 학습공동체는
지역 교과연구회 등으로
제도권과 비제도권 모임이
혼재해 있는데, 자발성 강한
모임이라는 게 장점.

경기도교육연구원에서 연구한 「전문적 학습공동체
사례 연구를 통한 성공요인 분석」(2016)을 보면,
잘 되는 전문적 학습공동체에는 공통점이 있다고 한다.

'형성' 요인에는

리더의 역할, 멤버 간 친밀감, 구체적인 콘텐츠.

'발전' 요인에는

업무 협업, 소통, 실제 적용.

'정착' 요인에는

지속적인 신입회원 유입, 구성원의 외적 성장, 공공성 확보.

아무튼 요즘은 참쌤스쿨을 비롯해
크루 형태의 전문적 학습공동체도 많이 생겨나고 있으니

전문적 학습공동체에 가입할지 고민 중이라면
한번 가입해보길 적극 추천한다.

크루(Crew) 형 전문적 학습공동체

우리나라에서 전문적 학습공동체는 주로 '학교 안'에서 학년 단위, 교과 단위로 교사들이 모여 수업을 연구하고 관련된 고민을 나누는 방식이 일반적이었다. 그러다가 2010년대 중반 이후로는 다양한 형태의 모임으로 발전해왔다. 그중 최근 가장 역동적으로 활동하는 전문적 학습공동체의 형태는 학교 안보다는 학교 밖에서, 온오프라인을 연계하여 다양한 교육 콘텐츠를 다룬다. 난 이를 '크루(Crew) 형 전문적 학습공동체'라고 부른다.

크루 형 전문적 학습공동체는 기존의 전문적 학습공동체와는 차별화된 특징을 보인다. 먼저 기존 학교 밖 전문적 학습공동체가 교육청이나 교육지원청 등 같은 지역 단위의 교과 연구회 형태로 모인 것과는 다르게, 전국 단위로 모이는 경우가 많다. 또 교육청이나 교육지원청의 예산을 지원받아 운영하기보다는 자체 회비를 통해 운영한다. 그리고 교육 관련 출판사나 에듀테크 기업과 협업하며 운영하는 경우가 많다. 무엇보다 20~30대 젊은 교사들이 주축이며, 강력한 주도성과 자발성을 바탕으로, 본인들의 교육 콘텐츠를 적극적으로 생산하여 공유한다는 점에서 관 주도의 전문적 학습공동체와 구분된다.

지금의 나를 있게 만들어준 '참쌤스쿨'은 2014년 12월, 서울 종로의 작은 사무실에서 1기 선생님들과 첫 모임을 시작했다. 원래는 나 혼자 활동하다가 문득 '나와 비슷한 사람들을 모아 서로의 노하우를 주고받으면 어떨까?'라는 생각이 들었다. 20명을 모집했는데, 지원자가 200여 명에 달했다.

그로부터 10년이 흘러 2024년 12월. 멤버 100여 명이 참여한 10주년 행사를 했다. 그동안 참쌤스쿨 블로그에는 2천만 명이 넘게 방문하였고, 인스타그램에서는 10만 명 넘게 참쌤스쿨 소모임과 멤버들을 팔로우하고 있으며, 유튜브 구독자 3만 명 등 온라인을 중심으로 활발하게 교육 콘텐츠를 공유하고 있다. 2016년에 시작한 '참쌤스쿨 콘텐츠축제'는

2024년에만 600명이 넘는 선생님이 오프라인으로 모였고, 지금까지 1만 명이 넘는 선생님들이 참여하였으며, EBS에서 학교 밖 전문적 학습공동체 사례로 소개되기도 했다. 또한 대한민국교육박람회, 에듀플러스 위크에 참가하였고, 다양한 공공기관, 에듀테크 기업, 교육 출판사와 MOU, 콜라보 프로젝트를 진행하고 있다.

참쌤스쿨 이후 크루 형 전문적 학습공동체들이 우후죽순 생겨났고 SNS와 온라인 커뮤니티 등에서 활발하게 활동하고 있다. 이러한 흐름에 맞춰 교육부도「2024 전국 단위 수업·평가 교사연구회 운영 계획」(2024)을 통해 지역을 넘어 수업 혁신에 열정을 가진 교사가 함께 성장할 수 있는 전국 단위 교사공동체를 지원하겠다고 밝혔다.

전국 단위 교사 모임이라는 점, 자율적으로 모인 소수의 교사가 다양한 주제의 교육 콘텐츠를 개발하여 공유한다는 점을 봤을 때 '교육부 스타일'로 녹여낸 크루 형 전문적 학습공동체로 보이며, 교육부에서 정책적으로 모임을 적극 지원한다는 점에서 매우 긍정적으로 보인다.

09 직업으로서의 교사
- 교사라는 직업의 장점은 무엇일까요?

1970년대 전까지만 해도 교대는 2년제였고, 1993년까지는 '학사'가 아닌 '전문 학사' 학위를 받았다.

그러다 1997년 IMF 사태, 즉 외환위기 이후 그 인기가 매우 가파르게 상승했고,

(비록 꼴찌이지만) 내가 교대에 들어갔을 때만 해도, 정시에서 수능 종합 등급이 2등급이 아니면 원서도 쓸 수 없었다.

아무튼 나 때만 해도 교사라는 '직업'은 상당히 괜찮았다.

심지어 이런 말도 아주 많이 들었다.

물론 사실과 멀었고 비하에 가깝다고 느끼기도 하지만, 아무튼 교사는 좋은 직업 중 하나임엔 분명했다.

그런데 요즘은 확실히 인기가 떨어진 느낌이다.

하지만 교직에는 아직도 많은 장점이 있는데, 난 보통 6가지 정도를 꼽는다.

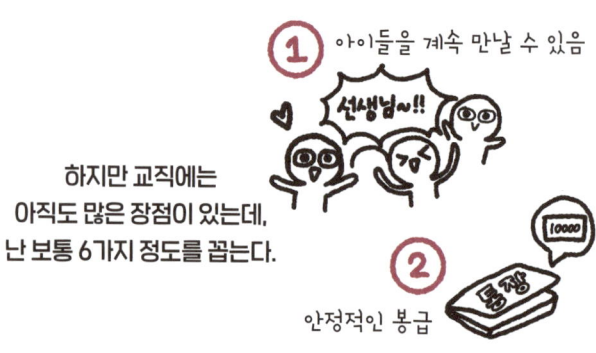

① 아이들을 계속 만날 수 있음

② 안정적인 봉급

③ 나만의 사무실을 가질 수 있음

④ 휴직/복직/조퇴 등이 자유로움

⑤ 배우고자 하면 배울 기회가 많음

⑥ 방학 포함 비교적 시간이 많아요!

물론 사람마다 체감은 다르겠지만, 극소수의 직업을 제외하고는 모두 장단점이 함께 있다.

교권 이슈, 임용 TO 변동 등 이전에 없던 어려움이 있긴 하지만, 난 교사가 여전히 좋은 직업이라고 생각한다.

위 6가지 장점과 성향이 맞는다면 꼭 교사를 선택하기를 권장한다.

아무튼 주식도, 교직도
고점에 물리지 말고
저점에 잡아야.

교직 역시 어쩌면 지금이
'저점'이 아닐까 하는
희망 어린 기대를 하기도…

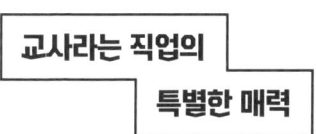
교사라는 직업의 특별한 매력

순수하고 밝은 학생들과의 교류

교사라는 직업의 장점으로 가장 먼저 떠오르는 것은 학생들과의 만남 그 자체이다. 물론 가끔은 '금쪽이' 학생 한 명이 직업 자체에 회의를 느끼게도 하지만 이들은 극소수일 뿐, 대부분의 학생들은 순수하고 밝은 에너지를 내뿜는다. 그들과 인간적인 교감을 나누며 에너지를 주고받는 순간들은 그 어떤 직업에서도 얻기 어려운 특별한 기쁨이 된다. 학생들이 성장하는 모습을 가까이에서 지켜볼 수 있다는 점은 교사라는 직업의 엄청난 매력이다.

우상향하는 안정적인 봉급

초임 시절에는 다소 적다고 느낄 수 있지만, 매년 꾸준히 오르는 봉급은 장기적으로 안정감을 준다. 특별한 협상이나 성과를 내야 한다는 압박감 없이 매년 성실히 임하기만 하면 보상이 따른다는 점은 매우 큰 장점이다. 이는 예측 가능한 삶의 기반을 제공하며, 다른 측면에서 자신의 삶을 설계할 수 있는 여유를 준다.

개개인을 위한 업무 공간

초등교사는 대부분 자신의 교실을 사무실로 사용한다. 일반적인 공직에서는 3, 4급 정도의 고위공무원이 되어야 비로소 나만의 공간을 사용할 수 있다. 그런데 교사는 처음부터 자신만의 공간을 가지는 특권을 누릴 수 있다. 이 공간은 단순한 업무 공간을 넘어 학생들과 소통하고, 자신만의 교육 철학을 구현할 수 있는 공간이라는 점에서 더욱 특별하다.

자유로운 운신의 폭

휴직과 복직, 조퇴 등의 절차가 비교적 자유롭다는 것도 장점이다. 특히 육아휴직, 난임휴직 등의 유급휴직도 공무원으로서 타 직업에 비해 눈치를 덜 보며 사용할 수 있다. 과거에는 이러한 혜택을 활용하기 어려운 분위기가 있기도 했지만, 최근에는 대부분의 학교에서 이러한 정책들이 자연스럽게 받아들여지고 있어 더욱 매력적인 근무환경이 되었다.

열려 있는 배움의 기회

무엇이든 배울 기회가 많다는 점도 빼놓을 수 없는 장점이다. 외무 게시 공문만 잘 살펴봐도 각종 연수와 체험 활동이 넘쳐난다. 전문적 학습공동체나 연구회에 참여하면 자신이 원하는 분야를 더 깊이 배우고 제대로 성장할 수 있다. 의지만 있다면 성장의 기회는 무한히 열려 있다. 이러한 배움의 기회는 교사로서의 전문성을 강화하고 개인의 성장을 돕는 중요한 장점이다.

시간적인 여유, 자유로운 활용

무엇보다도 교사라는 직업은 시간적으로 여유가 있다. 여타 직장인과 달리 점심시간이 노동으로 인정되고, 퇴근 시각도 빠르다. 특히 초등학교 교사는 특별한 일이 없으면 방과 후 4시 30분쯤에 퇴근한다. 이른 퇴근 시각만 해도 여타 직업에 비해 엄청난 여유 시간을 확보할 수 있다. 더불어 방학은 교사라는 직업만의 커다란 장점이다.

10 교사 수입
- 교사는 얼마나 벌까요?

교사도 직업이기 때문에, 봉급이 얼마나 되는지 궁금한 건 당연하다.

결론부터 얘기하면, OECD 기준으로 초임교사 때는 평균보다 적고, 15년 차 이상부터는 평균보다 나아진다.

최근 2024년 기준으로, 초임교사의 봉급은 OECD 평균보다 약 12% 정도로 낮다.

그래도 경력이 쌓일수록
확실히 나아지는
모습을 보인다.

그 이유는 보통 다른 OECD 국가들은 연봉제 등을 채택하지만,
우리나라는 매년 봉급이 오르는 호봉제를 선택하기 때문이다.

교사는 교대와 사대를 졸업하면
9호봉부터 시작한다.
군대를 다녀온 남자는
11호봉부터 시작.

내 군 복무 기간까지 합치면
공무원이 된 지 약 18년이 되었으니, 현재 27호봉이다.
봉급표를 간단하게 보면 다음과 같다.

[세부내역]

급여내역		세금내역		공제내역	
본봉		소득세		일반기여금	
정근수당가산금		지방소득세		건강보험	
정액급식비				노인장기요양보험	
명절휴가비				교직원공제회비	
				기관공제	
교직수당				급 식 비	
교직수당(가산금2)					
교직수당(가산금4)					
가족수당(배우자)					
가족수당(자녀)					
시간외근무수당(정액분)					
교원연구비(유,초등5년이상)					
급여총액		세금총액		공제총액	
실수령액					

(1) **본봉**: 호봉에 따른 월 지급액.

(2) **정근수당**: 매년 1월과 7월에 지급, 경력이 쌓일수록 많이 받음.

(3) **정근수당가산금**: 마찬가지로 경력이 쌓일수록 많이 받음.

(4) **정액급식비**: 14만 원 고정 지급.

(5) **교직수당**: 모든 교육공무원에게 지급.

(6) **교직수당가산금**: 담임이나 부장을 맡을 때 받는 수당.

(7) **가족수당**: 배우자 4만 원, 자녀 첫째 3만 원, 둘째 7만 원, 셋째 11만 원. 아이 셋이면 매달 21만 원.

(8) **시간외근무수당(정액분)**: 1일 근무시간(8시간)을 모두 근무하는 경우 지급.

(9) **교원연구비**: 직급 및 학교 급별로 차등지급.

(10) **명절휴가비**: 설날과 추석이 있는 달, 본봉의 60%.

분명히 수당까지 다 합치면 그렇게 나쁜 편은 아닌데,
역시 문제는 공제가 많아 체감상 실수령액이 매우 적다는 것.

또 공무원의 가장 큰 장점 중 하나이던 퇴직 후 연금은 이제는 크게 기대를 안 하는 게 나을 듯하다. 갈수록 많이 내고 적게 받는 구조…

상황이 이렇다 보니 특히 젊은 교사들은 재테크나 외부 수입에 관심을 많이 갖게 될 수밖에 없어 보인다.

사실 이런 모습은
교사가 아닌
다른 젊은 직장인도
대부분 다르지 않다.

그래서 나는
젊은 선생님들을 만나면
주식이나 코인,
부동산 등에도
관심을 가져보라고
적극 권하는 편이다.

아무튼 내 삶이 쪼들리면
아이들을 대하는
여유도 사라지기 때문에,
이제는 경제 공부도
필수적으로…

교사의 재테크와 경제적 미래 설계

과거에는 교사가 재테크에 관심을 가진다는 자체가 부정적으로 보이던 때도 있었다. 교직원공제회에 최대한의 금액을 저축하고, 퇴직 후에는 그동안 모아둔 장기저축급여와 제법 풍족한 연금을 기반으로 노후를 보내는 것이 교사의 전형적인 재테크였다. 하지만 시대가 변하면서 이런 방식은 시대와 동떨어진 방식이 되고 말았다.

스스로 철밥통을 채워야 하는 시대

한때 공무원을 두고 부러움과 비아냥을 섞어 '철밥통'이라고 부르곤 했는데, 요즘은 교사 스스로 여기에 말을 덧

대고 있다. "철밥통은 맞는데, 밥통 안에 밥이 없다"라고. 이런 말이 나올 정도로 교사의 월급은 체감상 박봉이 되었다. 특히 초임교사라면 월급이 턱없이 부족하게 느껴질 수 있다. 약 15년 차 정도가 되면 OECD 교사 평균 임금을 넘어선다고는 하지만, 대개 1년 차부터 15년 차까지는 여러모로 돈이 많이 들어가는 시기다. 게다가 공무원 연금 개혁으로 인해, 연금으로 안정적인 노후를 보장받는 것도 이제는 불가능하다.

이러한 현실 속에서 교사들에게 재테크는 선택이 아닌 필수인 시대가 되었다. 부모님의 자산 지원이 없다면, 자신의 경제적 안정을 위해 반드시 재테크를 배워야 한다. 교직이라는 직업이 가진 장점을 최대한 활용하면서 미래를 설계하는 것이 중요하다.

재테크의 측면에서 교사란 직업의 가장 큰 장점은 미래 소득을 구체적으로 예측할 수 있다는 점이다. 비록 소득의 체감은 사람마다 다르겠지만, 자영업처럼 내일을 예측할 수 없는 불안정성이 없다는 것은 큰 장점이다. 또한 경제위기에도 비교적 타격을 적게 받는 안정적인 직업군이라는 점은, 재테크 로드맵을 설계할 때 매우 유리하다. 안정적인 직업을 바탕으로 대출을 받기 쉽다는 점도 또 다른 장점이다.

여유 시간의 활용까지 교사의 몫

앞서 살폈듯, 교사라는 직업의 큰 장점 중 하나는 상대적으로 많은 여유 시간을 확보할 수 있다는 점이다. 물론 학교마다, 맡은 업무에 따라 다르겠지만, 일반 직장인보다는 보통 일찍 퇴근한다. 이 시간은 운동, 자기계발, 인간관계에 투자하면서 삶의 질을 높일 수도 있지만, 재테크를 공부하거나 겸직, 외부강의와 같은 추가 소득 활동을 하는 데 쓸 수도 있다.

결국 이 시간을 어떻게 활용하느냐에 따라 교사라는 직업의 경제적 가치는 크게 달라질 수 있다. 또한 학기와 방학으로 나뉜 분명한 주기와 일정한 출퇴근 시간 덕분에 재테크 습관을 형성하기 좋은 환경을 가지고 있다. 이러한 습관은 장기적으로 재정적 안정과 성공을 가져오는 중요한 밑바탕이 된다.

시중에는 재테크에 관한 책과 강의가 무수히 많다. 특히 초임교사는 소득이 적어도 긴 호흡으로 계획을 세울 수 있다는 점이 가장 큰 무기다. 특히 젊을수록 '복리의 마법'에 유리하기 때문에, 봉급이 적다고 너무 실망하지 말고 교사라는 직업이 가진 예측 가능성과 시간적 여유를 최대한 활용하여 계속 공부하며 재테크를 통해 경제적 미래를 설계하는 데 투자해야 한다.

11 교사 퍼스널 브랜딩
– 교사 인플루언서가 되고 싶나요?

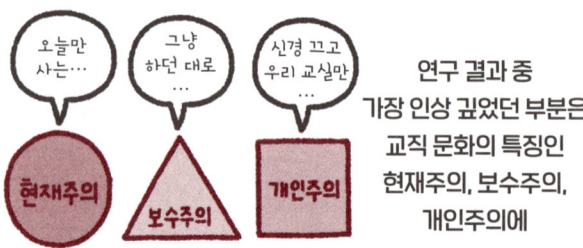

연구 결과 중 가장 인상 깊었던 부분은 교직 문화의 특징인 현재주의, 보수주의, 개인주의에

교사 인플루언서 현상이 교직 문화 변화에 유의미한 영향력을 끼친다는 것.

또한 기존 인플루언서 성향의 '리더 교사'는 주로 교원단체 회장, 베스트셀러 작가 교사 등이었지만

지금은 팔로워 유입의 확장성, 실시간 상호작용 등과 같은 역동성 차원에서 새로운 리더 교사가 될 수 있다고도 했다.

*「교사 인플루언서의 특성에 관한 탐색적 연구」(2021)

연구원님이 면담 때 나보고
'1세대 교사 인플루언서'라고
해주셨는데, 이렇게 살면
삶의 장단점이 뚜렷해진다.

약간
이런
느낌인가?
(*유튜버 '대도서관')

먼저 다음과 같은
장점이 있고,

지지층의 성장.

소소한 부수입.

반강제로 성장.

다양한 이들과의 만남.

또 다음과 같은
단점도 있다.

안티도 같이 성장.

각종 기회비용.

새로운 콘텐츠 압박.

아무튼 가끔씩
개인 퍼스널 브랜드
성장하는 방법에
대해서 질문하시는
분들도 많은데
이렇게 조언드린다.

결국은 내가
잘할 수 있는
콘텐츠와
교육 트렌드를
잘 융합해
알리는 것이
중요한 것 같다.

교사 인플루언서, 교육과 대중을 잇는 새로운 역할

사실 '인플루언서'라는 단어가 교사라는 직업에 적합한지는 잘 모르겠다. 하지만 교사들 중에도 SNS와 유튜브에서 영향력을 발휘하는 이가 분명 존재하며, 이들의 수는 2010년대 이후 디지털 플랫폼의 발전과 함께 폭발적으로 늘어났다.

2010년대 이전, 교사들은 주로 커뮤니티와 온라인 카페, 또는 집필한 도서를 통해 이름을 알렸다. 하지만 SNS와 유튜브가 대중화되면서 자신만의 콘텐츠를 제작해 더 많은 대중과 소통할 수 있게 되었다. 이제 교사 인플루언서들은 교과서 기반의 강의, 생활지도와 학급운영 노하우, 수업 자료 제작법, 그리고 AI와 디지털 도구를 활용한 교육법까지 다양한 주제를 다룬다. 이들의 콘텐츠는 동료 교사들 사이에 머무르지 않고, 학부모, 학생, 그리고 일반 대중에게까지 영향을 미친다.

교사 인플루언서를 바라보는 시선들

이들을 평가하는 시선은 제각각인데, 적어도 나는 교사 인플루언서의 활동을 긍정적으로 바라보는 편이다. 이들은 대중의 인식 속에 있는 고리타분한 학교라는 공간을 새로이 재구성한다. 교실에서 아이들이 꽃피우는 다양하고 신선한 모습을 대중에게 생동감 있게 전하고, 교사 개인을 넘어 학교와 공교육에 대한 신뢰도를 높이는 데 중요한 역할을 한다.

물론 교사 인플루언서 활동 중 우려하는 면도 있다. 그중 하나는 배보다 배꼽이 커지는 경우이다. 활동의 목적이 교육이라는 본질보다 교사 개인의 유명세에 초점이 맞춰질 경우, 활동의 가치는 점점 희미해지고 따라서 오래 가기도 어려워진다. 예를 들어, 본인 SNS에 공공기관 교육자료를 업로드하며, 자료를 받기 위해 '좋아요'를 누르고 '댓글'을 남기라는 식의 게시물도 드물지 않게 볼 수 있다. 이런 방식은 SNS 알고리즘상 노출 증대와 팔로워 증가에 효과적일 수 있지만, 결과적으로 충성도 높은 팔로워를 확보하기 어렵고, 콘텐츠의 질과 진정성을 떨어뜨리고 만다.

결국 잠시의 유명세는 얻을 수 있을지 모르지만, 강연 요청이나 책 출판 등 실질적인 영향력을 발휘하기 어려워진다. 이는 덩치는 크지만 체력은 부족한 운동선수와 다를 바 없다. 한마디로 알맹이가 없다.

오래 가는 교사 인플루언서의 비결

교사 인플루언서가 되는 것은 다이어트나 재테크처럼 단기간에 이루어지지 않는다. 소위 '넘사벽' 수준의 독창적인 개인의 서사나 재능, 콘텐츠가 없다면 더더욱 어렵다. 더군다나 교사라는 직업은 공무원으로서의 제약과 윤리적 기준을 준수해야 하기 때문에, 일반 인플루언서보다 더 높은 수준의 책임감과 신중함이 요구된다.

결국, 성공적인 교사 인플루언서가 되기 위해서는 교육과 자신만의 콘텐츠를 연결해야 한다. 이를 위해 최신 교육 트렌드를 연구하고, 전문적 학습공동체에 참여하며 경험을 쌓아야 한다. 또한, 규정을 명확히 이해하고 준수하며, SNS와 같은 플랫폼을 적극적으로 활용해야 한다. 이 과정은 시간이 걸리고 꾸준한 노력이 필요하지만, 진정성과 전문성을 겸비한 교사 인플루언서만이 지속적으로 성장할 수 있다.

12 공무원으로서의 교사
- 교사는 몇 급 공무원인가요?

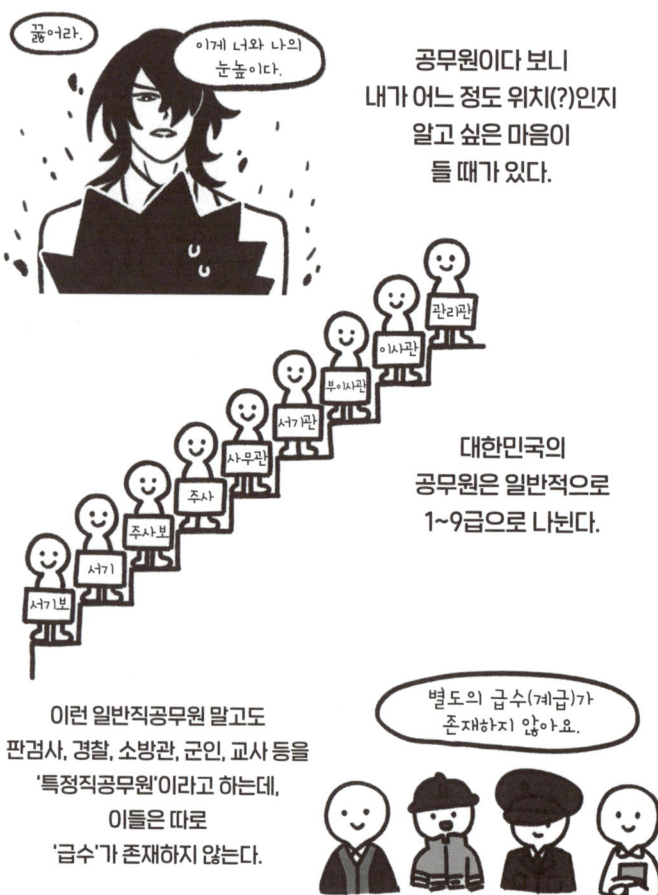

그래도 의전,
호봉 획정 등의 이유로
일반직공무원과 어느 정도
비교가 가능하도록
'상당계급'을 표시하는데,

지역이나 학교 규모에 따라 달라지기도 하고… 정확하진 않아요.

교사는 6~7급 상당.
교감은 5~6급 상당.
교장은 4~5급 상당.

장학사(연구사)는 6급,
장학관(연구관)은
5급 이상인데,
장학관은 어떤 보직을
맡느냐에 따라
1급도 가능.

같은 장학관이라도
교육지원청 국·과장은
4급 상당,
교육장은 3급 상당,
교육청 기조실장이나
부교육감은
1~2급 상당이다.

고위공무원의
꿈을 가지고 있다면
장학사 전직을
꿈꾸는 것도…!

'호봉획정을 위한
상당계급기준표'를 보면
교사 24호봉 이상은
4급으로
구분하기도 하는데,

24호봉이면
보통 경력 15년 정도,
40살 정도인데
크게 와닿지
않긴 해요!

아무튼 예전이야
계급도 중요하고
상명하복 문화도
칼같았던
권위주의적 시대였다면,

까라면 까!

…

지금은 계급보다는
자신의 직무나 역할이
더 중요한 시대가 됐다.
계급과 능력이
반드시 일치하지 않고,
특히 교사는 더욱 그렇다.

교육청에서 근무할 때는
고위공무원이
엄청 대단해 보여서
동경(?)하던 적도 있는데,

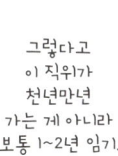

그렇다고
이 직위가
천년만년
가는 게 아니라
보통 1~2년 임기.

그 자리까지 가는 과정의 노력과 고생,
또 운이 필요하단 것을 알고 나니 이제 부러운 마음은 가셨다.

나만 해도
짧지 않은 경력 동안
수많은 사람을 만났는데,
이제는 그 사람이
어떤 직위이든

그 직위보다
그 사람이 쌓아온
전문성과 본연의
인간적인 매력이
그 사람을 잘
대변하는 것 같다.

매해 새로운 아이들을 만나는
교사는 특히 더 그렇다.
끊임없이 성찰하고 노력해야
현상유지도 가능하다는
생각으로 계속 공부…!

모두가 같은 '급'

교육청은 보통 '팀' 단위로 업무를 수행한다. 팀장은 보통 5급 상당의 장학관 또는 9급 공무원으로 입직해 5급으로 승진한 일반직 사무관이 맡는다. 팀의 핵심 실무는 장학사와 6급 공무원이 주로 담당한다. 여러 개의 팀이 모여 '과'를 이루며, 과장 자리는 4급 상당의 장학관과 서기관이 맡는다. 교육청에서 '간부공무원'이라고 하면 보통 4급 이상을 칭한다. 이 과들이 모여 '국'을 구성하며, 3급 상당의 장학관이나 부이사관이 국장을 맡는다. 시도교육청의 조직은 일부 차이가 있지만, 대체로 이러한 구조를 따른다. 그 위로는 1~2급 상당의 부교육감과 주민 직선제로 선출된 교육감이 있다.

교육지원청은 3급부터 9급까지 다양한 직급의 공무원

으로 구성된다. 장학사와 6급 공무원이 팀장급에서 실무를 주도하며, 그 아래에서 7~9급 공무원이 다양한 업무를 수행한다. 교육청 장학사는 주로 단일 업무를, 교육지원청의 장학사는 여러 업무를 동시에 맡는 경우가 많다.

예를 들어, 교육청에서 미디어콘텐츠 업무를 전담했던 내가 교육지원청에서 근무할 때는 과학영재교육, 문화예술교육, 특수교육처럼 서로 연관이 적은 업무를 병행했다. 장학사와 팀장 위로는 4~5급 상당의 장학관이 국장직을, 4~5급 서기관과 사무관이 과장직을 맡는다. 그 위에는 3급 상당의 장학관인 교육장이 교육지원청의 관리를 책임진다.

흥미롭게도, 교육장까지 승진한 후 부교육감 등으로 승진하거나 교육청 국장급으로 가지 못하면, 정년까지 남은 기간은 다시 교장으로 복귀해 퇴임하는 경우도 많다. 내가 근무했던 지역에서도 4명의 교장선생님이 모두 교육장 출신이었고, 당시 교육장님보다 선배인 경우도 있었다.

이처럼 교육청이 엄격한 '급' 체계를 기반으로 승진 구조가 철저히 관리되는 것에 비해, 학교는 교장과 교감을 제외하면 모두 같은 '교사'라는 독특한 구조이다. 연차와 경력이 십수 년 이상 차이 나더라도 선후배를 엄격히 따지지 않고, 상호 존중과 존대를 바탕으로 협력하는 분위기가 일반적이다.

이는 군대처럼 같은 계급이라도 임관 연도로 위계가 엄격히 구분되는 조직과는 크게 대조적이다.

학교의 평등한 구조는 교육 현장에서 중요한 강점으로 작용한다고 생각한다. 연차나 경력에 구애받지 않고 서로 존중하며 협력할 수 있는 환경은 교사들 간의 학습과 성장을 자연스럽게 이끌어낸다. 특히 세대 간 장벽이 낮아 새롭고 다양한 교육적 시너지를 창출한다. 이러한 문화는 교사 개인의 역량 강화뿐만 아니라 학교 전체의 조직력을 높이는 데에도 크게 기여한다.

무엇보다 이러한 상호 존중과 협력의 문화는 아이들에게도 긍정적인 영향을 미친다. 교사들 간의 원활한 소통과 협업은 더 나은 교육 콘텐츠와 수업 방식으로 이어지며, 아이들에게 보다 창의적이고 유의미한 배움을 경험할 수 있도록 돕는 디딤돌이 되어준다.

13 교사 승진

- 교장 교감으로 승진은 어떻게 할까요?

보통 여러 계급으로 나뉘어 있는 다른 공무원과는 다르게,

교원은 전직을 하지 않는 이상 '교사-교감-교장' 딱 3단계가 끝이다.

교원의 승진은 강한 의지로 오랜 기간 마일리지 적립식 점수를 모아야 할 수 있는데,

「교육공무원 승진규정」에 따르면 경력평정 70점, 근무성적평정 100점, 연수성적평정 15점을 기본으로, 여기에 가산점이 붙는 형태이다.

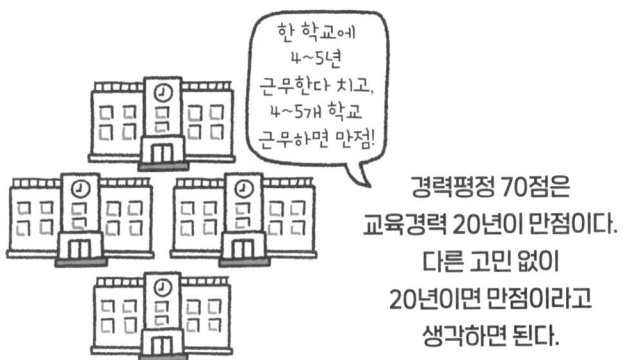

경력평정 70점은 교육경력 20년이 만점이다. 다른 고민 없이 20년이면 만점이라고 생각하면 된다.

근무성적평정 100점은 승진 전 교무부장 3년을 해서 '1등 수'를 받으면 된다. 그래서 보통 승진하기 전 3년간 무조건 교무부장을 하는 이유…

연수성적평정 15점은
총 3번의 60시간 연수를 받고
그중 1회는 96점 이상을
받으면 된다.

연구실적평정,
흔히들 말하는
연구점수는 총 3점이다.
교사들이 연구대회를
나가는 이유가
이 연구점수 때문.

연구대회의 종류는
생각보다 많고,
매년 실시하니
개인 연구 삼아서
도전해보는 것을 추천한다.

마지막 가산점. 사실상 이 가산점에서 승진이 갈린다고 보면 된다. 공통가산점, 선택가산점 등이 있는데

선택가산점은 지금 존재하는 것도 있고 없어진 것도 있으니 잘 살펴봐야 한다.

요즘 느끼는 건, 예전에는 '승진제도' 관련 토론회도 많이 열렸는데, 최근에는 본 기억이 없다. 그만큼 승진에 대한 관심이 줄었다는 뜻이다.

예전에 비해 교장, 교감이 신경 써야 할 일도 많아지다 보니…
아마 오랜 시간 공을 들일 만큼 '가성비'가 좋지 않다는 생각이 큰 것 같다.

그렇다고 승진을 안 하고 평교사로 어느 정도까지 내가 버틸 수 있을지도 불안하고…

아이들에게는 진로 교육도 열심히 하지만 정작 교사가 되고 나서의 내 진로는 잘 모르겠다.

탑건과 흑백요리사

　　내가 초임 때만 하더라도 승진 경쟁이 엄청나게 치열했다. 특히 남교사는 당연히 승진해야 한다는 생각이 일반적이었다. 교내에서 승진 가산점을 받을 수 있는, 소위 '요직'을 받기 위한 경쟁도 물 밑에서 꽤 치열하게 이루어졌으며, 이를 결정할 권한이 있는 교장과 교감의 영향력은 가히 절대적이었다. 가끔 승진할 생각이 별로 없었는데 열심히 하다 보니 절로 승진했다는 교장선생님도 있었지만, 그 말에 별로 신뢰가 가진 않는다. 대한민국에서 교사가 승진하려면 대개 오랜 시간 동안, 강한 의지로 꾸준히 노력하며, 점수를 차곡차곡 모아야만 가능하기 때문이다.

나는 승진에 전혀 욕심이 없다. 내 인생에서 교장이나 교감이 될 거라는 생각조차 한 적이 없다. 30대에 장학사를 했지만, 다시 장학사를 하겠다는 계획도 없다. 물론 인생이 어떻게 흘러갈지 모르기에, "나는 절대 승진하지 않을 것이다"라고 공언하지는 않는다. 다만 언제나 승진에는 관심 없다고는 말한다. 내가 교직 생활 동안 쌓아온 영재학급 운영, 연구학교, 연구대회 입상 등의 승진 가산점은 적지 않겠지만, 지금까지 단 한 번도 점수를 제대로 계산해 본 적이 없다.

이제는 나뿐만 아니라 교직 사회 전반적으로, 특히 젊은 교사들 사이에서 승진에 대한 관심이 많이 줄어든 느낌이다. 예를 들어, 10년 전만 해도 승진제도와 관련된 토론회가 자주 열렸다. 당시에는 승진제도를 어떻게 개편할 것인지, 교장 공모제가 적절한지, 혹은 학교 내부 투표로 교장을 선출하는 내부형 공모제가 타당한지 등을 두고 치열하게 논의했었다. 그런데 요즘은 이런 주제로 열리는 토론회를 본 기억이 없다. 많은 교사가 승진을 '가성비' 떨어지는 일로 여기는 분위기가 점차 퍼지고 있는 것 같다.

강의를 나가면 종종 "선생님의 최종 목표는 무엇인가요?"라는 질문을 받는다. 아마도 국회의원이나 교육감 같은 거창한 목표라도 있지 않을까 생각하는 것도 같다. 그러나 내

대답은 전혀 다르다.

영화 『탑건: 매버릭』에서 톰 크루즈가 연기한 피트 미첼 대령이 떠오른다. 미첼의 동기들은 오래전에 장군으로 진급해 이미 4성 장군 등 지휘관 자리에 올랐고, 미첼의 상관들조차 '짬밥'으로 따지면 미첼의 까마득한 후배들이다. 그러나 미첼은 계급과 지위의 제약에 얽매이지 않고 군 현장의 전투기 에이스 조종사, '탑건'의 자리를 유지한다. 누구보다 먼저 위험한 작전에 자원하고, 후배 조종사들을 지키기 위해 몸을 던진다. 영화 속에서 상관이 "언젠가 조종사는 무인 비행체로 대체될 수밖에 없네"라고 말하자, 그는 이렇게 응수한다. "그럴지도 모릅니다. 하지만 오늘은 아니죠(Maybe so, sir. But not today)."

2024년 넷플릭스 최고의 화제작 중 하나인 「흑백요리사」도 마찬가지다. 20년, 30년 동안 최고의 요리 내공을 쌓아 경연에 나온 셰프들은 모두 현역이다. 이들은 본업에서 성공해 최고의 자리에 오른 사람들이다. 적당히 유명세를 타고 현장에서 은퇴해 레스토랑 경영에만 몰두하는 이들은 등장하지 않는다.

나의 최종 목표를 굳이 말하자면, 미첼 대령처럼 탑건으로 남는 것, 그리고 「흑백요리사」의 셰프들처럼 본업에서 전문가로 인정받는 것이다. 내 주변의 능력 있는 동료 교사와 후배들이 교장이나 교감이 되어 나에게 지시하더라도, 나는 괜찮다. 교실에서 학생들과 함께하며 그들에게 긍정적인 영향을 미치고, 가능한 한 오래 이 자리를 지키고 싶은 꿈이 더욱 중요하기 때문이다.

그리고 무엇보다 이 방법이야말로 교사가 자신을 전문가로 여기고 스스로 전문성을 증명하는 최고의 방법이라고 생각한다. 그렇기에 부디 나와 비슷한 지향점을 가진 선생님이 많아졌으면 하는 바람이 있다.

"언젠가 교사는
AI 학습 튜터로
대체될 수밖에 없네."

"그럴지도 모릅니다.
하지만 오늘은 아니죠."

14 우리나라의 교과서
- 교과서의 문제는 교과서에 있습니다

우리나라에서 '교과서'의 권위는 압도적이다.

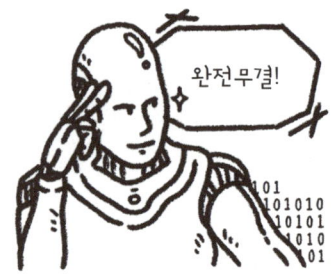

그러니 집필 과정을 거치며 말 그대로 '완전무결'한 작업물이 나와야 하는데,

다들 알겠지만 그러기는 쉽지 않다.

일단은 교과서로
수업하는 교사마다
교과서 수준의
체감이 다르고

과거보다 모든 것이
빠르게 변화하는 시대라,
교과서는 그 한계가
갈수록 명확해지고 있다.

현재 우리나라 교과서는
'국정', '검정', '인정' 세 종류로 나뉘는데,

국정교과서는 그야말로 국가가 정해주는 교과서이고

검정교과서와 인정교과서는 민간이 집필한 교과서를 국가가 승인한 교과서이다.

「초·중등교육법」 제29조를 보면, "학교에서는 국가가 저작권을 가지고 있거나 교육부장관이 검정 또는 인정한 교과용 도서를 사용하여야 한다." 라고 되어 있어, 꼭 교과서를 써야만 한다.

그래서 'AI 디지털교과서'가 교육자료인지, 교과서인지
그 법적 지위를 놓고 정치권에서 강하게 논쟁하기도 했다.

나도 여태 교육과 관련된 많은 작업을 해봤지만,
그중에서 가장 힘들었던 작업은 단연코…

교과서 작업이었다. 모두가 혁신적인 교과서를 꿈꾸지만,
검정 통과의 기준이 너무 높기 때문이다.

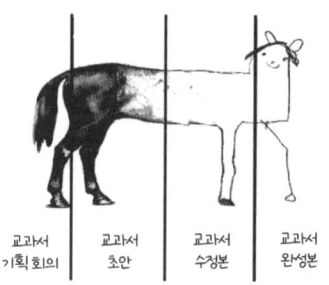

| 교과서 기획회의 | 교과서 초안 | 교과서 수정본 | 교과서 완성본 |

힘들게 만든 교과서가
혹여나 통과도 못하고
폐기되면 큰일이니…
그 의도와 달리,
모든 교과서가 비슷해지는
결과가 발생한다.

이미 OECD 절반이 넘는 국가가 자유 발행제를 하고 있어요.

개인적으로 지지하는
교과서 정책은
'자유 발행제'인데,
그야말로 국가의 검열 없이
교사가 자유롭게
교과서를 제작, 선택하여
사용하는 제도이다.

생각해보니 코로나 시국에 온라인 수업이 자유 발행제의 모습과 비슷했죠.

보기에 따라 현실성이
없어 보일 수 있지만,
이미 '인디스쿨' 등
온라인 자료 공유는 충분히
원활히 이뤄지고 있고,
코로나 시국 때 어느 정도
실질적인 검증도 이뤄졌다.

교과서의 무게를 내려놓아야 할 때

교과서를 집필할 때 집요할 만큼 신경 쓰는 부분이 오개념 방지다. '완전무결'한 교과서를 만들기 위해 수십 명의 집필진과 검토진이 모든 힘을 쏟아붓는다. 그런데도 가끔이지만 오류는 발생한다. 대표적인 예가 '고려시대에 조선 이후에나 들어온 빨간 김치 그림이 등장했다' 등이다.

국정교과서는 가장 철저한 심사를 거친다. 수많은 출판사 중 단 한 출판사가 선정되기에, 출판사에서도 수십 년 경력의 임직원이 담당한다. 집필진 역시 대학교수와 석사 이상의 현장 교사들로 구성된 팀이 맡는다. 그런데도 현장에서는 항상 비슷비슷한 교과서가 나온다고 푸념한다.

검정교과서 역시 다르지 않다. 우리나라 검정교과서는 일차적으로 교육부(창의재단, 평가원) 심사를 통과한 후, 학교의 채택을 받아야만 시장에 나올 수 있다. 만약 1차 심사에서 탈락하면? 수억 원의 개발비는 공중분해 되고 만다.

집필 과정을 떠나, 교과서를 바라보는 시선 또한 비슷하다. 우리나라에서 교과서는 단순한 참고자료가 아니다. 교사는 물론이고 교과 자체를 대체할 정도의 위신이 있다. 교과서가 그 자체로 완전무결할 필요는 이 지점에서도 생긴다. 그러니 교사가 교과서를 재구성하면 학부모로부터 "왜 교과서를 충실히 가르치지 않느냐"라는 민원을 듣게 된다.

이런 구조 속에서 혁신적인 교과서가 나오기를 기대하기는 어렵다. 국정이든 검정이든, 집필진은 안전하고 보수적인 길을 택할 수밖에 없다. '인디스쿨'에서 수만 다운로드를 기록하고 현장 교사들에게 효과적이라는 피드백을 받은 콘텐츠도, 교육학적으로 증명되지 않았거나 조금이라도 논란의 소지가 있다면 감히 교과서에 들어갈 수 없다. 그래서 교과서 속 활동들은 완전무결한 동시에 천편일률적일 수밖에 없다.

교과서 삽화 작업 또한 마찬가지다. 삽화 작업에서 가장 많은 요구는 학생의 배움이나 단원의 목적에 맞추라는 것이 아니다. '캐릭터의 머리가 너무 크다', '눈에 흰자가 없다',

'보건교사가 무릎을 꿇고 치료하면 협회에서 항의가 올 수 있으니 편안한 자세로 수정하라', '쑥색 송편은 본 적이 없다니 분홍색으로 바꿔라' 등이다. 이 사례들은 교과서 삽화 작업을 다수 해본 내 실제 경험담이다.

이 모든 요구가 교과서는 완전무결해야 한다는 강박에서 비롯된 현상이다. 이제 교과서의 무게를 내려놓아야 한다. 교과서 중심에서 교사 중심의 콘텐츠로, 나아가 학생 중심의 교육으로 변화해야 한다.

교과서 자유발행제를 도입할 때다. 자유발행제는 교사가 기획, 성취 기준 설정, 수업 설계, 평가 기준까지 전 과정을 주도적으로 설계할 수 있도록 권한을 부여하는 개념이다. 이미 중학교와 고등학교에서는 교사마다 나름의 학습지와 프린트물로 수업하고 있다. 또 우리 교사들은 코로나 시국 당시 온라인 수업으로 이미 교과서 자유발행제를 경험했다. 국정교과서에서 검정교과서로의 전환은 그 첫걸음이다. 하지만 교과서의 무게감을 덜어내지 못한다면, 결국 그 겉모습만 조금 다른 대동소이한 교과서가 또다시 현장에 보급되고 말 것이다.

우리는 다양한 학생의 모습을 인정하고 각각에 맞는 교육을 하라고 그렇게 강조하면서도, 왜 교사와 교과서에는 천편일률적인 모습만 원하는지 모르겠다.

15 디지털 활용과 에듀테크
- 디지털 활용과 에듀테크는 필요한가요?

일반 대중이 AI에 관심을 가지게 된 계기는 아마 이때, 2016년이 아닐까?

이후 2023년, 'Chat GPT'의 등장 이후 본격적으로 불이 붙은 느낌이다.

교육적인 면에서 AI를 바라보는 시각은 다양하지만, 어쨌건 계속 발전한다는 점에서 나는 긍정적으로 보는 편이다.

우리나라 디지털교육에 큰 영향을 준 몇 가지 사건이 있었다.

먼저 2000년 전후, 정보화 시대에 발맞추고자 시행된 교단 선진화 사업.

2010년대, 스마트교육과 소프트웨어교육 활성화 정책.

2020년대,
코로나19로 인한
사상초유의 온라인 수업.

그리고 2025년에
시행이 예정된
AI 디지털교과서까지.

다만 언제나 그렇듯
디지털을 위한 디지털보다는,
디지털 활용에
'분명한 목적'이 있어야 한다.

내 자랑을 좀 하자면…
2013년 클라우드
개념도 생소할 때,
당시 5학년 아이들과 함께
고려시대 역사를
온라인 마인드맵으로
정리하고,

AR 마커를 활용해
교실 곳곳에
고려시대 유물을 숨겨놨다.
스캔하면 나오는 유물을
모아서 오는 활동!

아무튼 이처럼
디지털 활용에는
그 이유가 분명해야 한다.

저 수업을 할 때만 해도
와이파이가 없어서
직접 공유기를 달았는데…

정보 보안 감사에서 지적받아
경위서 작성함. ㅠㅠ

지금은 전과 달리
1인 1태블릿 PC에,
교실마다 와이파이도
다 깔려있으니

좀 더 적극적인
디지털교육 환경이 갖춰졌다.
많은 선생님이 이 환경을
잘 활용하면 좋겠다.

디지털 기초·기본은
누가, 언제, 어떻게?

난 지금처럼 디지털교육이 활성화되기 전부터 꾸준하게 디지털 활용 교육을 해왔다. 2012년에 교실 곳곳에 AR 마커를 활용해 교실 보물찾기 활동을 했고, 클라우드 개념이 생소하던 2013년에는 공개수업 때 온라인 마인드맵을 활용해 반 전체가 참여하는 마인드맵 활동도 했다. 그만큼 디지털을 활용한 교육에 진심이고, 교육계가 꿈꾸던 학생 맞춤형 교육을 이루는 데 기술이 결정적인 역할을 할 수 있다고도 본다.

국가에서 디지털교육을 강조하고 있지만, 현재 디지털교육에 대한 체계는 없다시피 하다. '2022 개정교육과정'에서 '디지털 소양'이 언어 소양, 수리 소양과 함께 기본 소양으로 자리 잡으면서, 교육과정 곳곳에 디지털 요소가 추가되었다. 아이들이 초등학교에 입학하면 국어 교과에서는 연필을 쥐고 선을 긋는 것부터 시작해 모음과 자음을 하나씩 익혀간다. 수학 교과에서는 한 자릿수를 세고, 가르고, 모으는 활동을 통해 한 학기 동안 기초를 다진다. 언어와 수리의 소양 학습은 이처럼 긴 호흡으로 체계적으로 진행되는데, 디지털 기초·기본을 익힐 시간과 방법은 제대로 제시되고 있지 않다.

　　초등학교 고학년 중 일부 학생은 스스로 코딩하거나 영상 콘텐츠를 만들어 SNS에 업로드할 정도로 디지털 활용에 익숙한 반면, 컴퓨터 전원 버튼도 제대로 찾지 못하는 학생도 있다. 특히 디지털기기 사용에 대한 각 가정의 허용치와 공감대 수준의 차이가 크기 때문에, 학생 간 디지털 기본 역량의 격차는 시간이 갈수록 벌어질 수밖에 없다.

　　디지털교육을 강조하면서도 디지털 소양을 다질 방법과 시간에 대한 고민 없이 '5학년부터 코딩교육은 필수고, 학교에서 알아서 하세요'라는 식으로 넘기는 방식이 과연 옳을까? 디지털 소양 교육을 누가, 언제, 어떻게 책임져야 하는지에 대한 구체적인 논의가 필요하다.

　　디지털 기반 교육은 개별적으로 존재하기보단 기존 교

육을 보완할 때 그 진가가 발휘된다. 예를 들자면 초등 교실에서 지난 50년 동안 교육 방법과 도구 측면에서 단 한 번도 바뀌지 않은 교육활동, 바로 저학년 '받아쓰기'에 적용할 수 있다. 기존의 받아쓰기는 교사가 앞에서 문장을 읽어주면 아이들은 8칸 혹은 10칸 깍두기 노트에 교사가 불러준 문장을 받아 적는 방식이다. 수십 년간 변하지 않는 교육이라면 그만큼 기본적이면서도 가치가 있는 방식이겠지만, 지금의 받아쓰기에는 결정적인 아쉬움이 두 가지 있다. 첫째로 수준 별로 개별화되지 않는다는 점, 둘째로 '획순'을 볼 수가 없다는 점이다.

하지만 디지털 기반으로 전환한다면 이를 해결할 수 있다. 개인 태블릿 PC로 수준에 맞게 받아쓰기를 선택하여 개인의 수준에 맞춤 학습을 할 수 있다. 또 태블릿 PC에 글씨를 쓰면 획순도 기록되니 획순도 교정할 수 있다. 주로 자음자를 틀리는지, 모음자를 틀리는지, 띄어쓰기를 틀리는지, 문장부호를 놓치는지 등의 세세한 정보까지 얻을 수 있다. 아주 단편적인 사례이지만 우리가 지향해야 할 디지털교육이 어떠해야 하는지를 잘 보여준다.

기존 교육을 무리하게 모두 디지털로 '대전환'하기보다는, 기존 교육의 한계점을 보완하는 방향으로 나아가는 편이 더 유용하고 의미 있는 디지털교육의 방향으로 보인다.

16 AI 디지털교과서

- AI 디지털교과서는 교실 혁명을 부를 수 있을까요?

2024년, 교육계에서 가장 뜨거운 화두는 바로 'AI 디지털교과서'였다.

AI 디지털교과서는 여러 기능이 있겠지만, 가장 눈에 띄는 기능은 다음 두 가지이다.

일단 긍정적인 면을 살펴보자면…
우리나라 공교육 환경 상
교실에서 교사가 학생들을
하나하나 봐주긴 어려우나.

개인 기기를 활용한
AI 디지털교과서는
이런 개별화 맞춤형 학습을
도와줄 수 있다.

교사들의 수업 설계가
제대로 이루어진다면
그동안 교육계에서
꿈에 그리던
'개인 맞춤형' 교육이
이뤄지리라는 기대도 있다.

하지만⋯ AI 디지털교과서를 원활하게 사용할 만한
환경이 충분히 갖춰졌는지 아직은 의문이고,

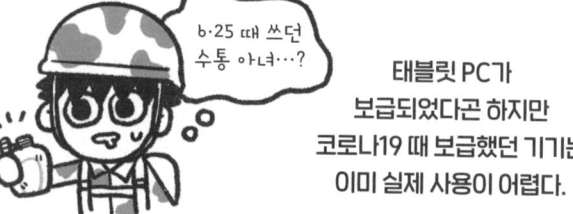

태블릿 PC가 보급되었다곤 하지만 코로나19 때 보급했던 기기는 이미 실제 사용이 어렵다.

결정적으로, 직접 써보니 과연 이게 진짜 AI인지에 대한 의문이 계속 든다는 점. AI라기보단, 잘 짜인 코스웨어에 가깝지 않을까?

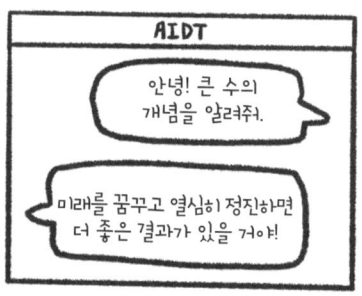

무엇보다 '자기주도적인 것처럼 보이는 주입식 교육' 이라는 비판을 피하기가 어려워 보인다.

교육부에서 작정하고 기획한 사업이라, 2024년에 교사들을 대상으로 대규모 연수도 실시했었다.

이렇게 희망과 우려가 동시에 있기 때문에, 교육계뿐만 아니라 정치권에서도 매우 치열하게 공방이 오갔는데

그래서 AI 디지털교과서가 교과서인지, 교육자료인지 매일매일 달라짐…

개인적으로
가장 걸리는 것은
바로 '구독료'

물론 예산 항목이 다르니 단순 비교할 순 없겠지만,
개인적으로는 AI 디지털교과서보다는 동료 교사가 더 필요한데…

결국은 선택의 문제인 것 같다.
예산은 한정되어 있고,
쓸 곳은 많고…
이러한 선택이 가져올 결과를
기다려 봐야겠다.

디지털과 AI는 학습보다 행정에 먼저

2024년에 나는 초등학교 1학년 담임과 학년부장을 맡았다. 1학년 입학식 후 내가 가장 먼저 한 일은 각종 서류를 수합하는 것이었다. 학기 초 일주일 동안 내가 수합한 서류는 다음과 같다. '2024학년도 개인정보 수집·이용 동의 안내서', '학생 건강상태 조사 및 응급처치 동의 안내서', '수익자부담경비 납부 신청서', '2024학년도 학생 기초 조사서', '기초학력 진단-보정 시스템 이용을 위한 개인정보 수집·이용 동의서', '늘봄학교 신청서', '돌봄학교 신청서'… 이 외에도 '학교장 허가 교외체험학습 신청서', '결석 신고서'와 같은 서류도 받아야 했다.

학생 한 명 한 명에게 이러한 서류를 일일이 나눠주고, 다시 걷어오는 일은 얼핏 보기엔 단순한 반복 작업이다. 하지만 막상 직접 해보면 보기보다 훨씬 많은 시간과 에너지가 든다. 특히 각 가정에서 제출한 서류를 검토하며 누락이 없는지 확인하고, 이를 전산화하는 과정은 교사에게 생각보다 훨씬 더 큰 행정적 부담을 안긴다.

일부 학교에서는 전자화된 시스템을 도입하거나 '나이스(National Education Information System)'의 일부 기능을 활용하기도 한다. 그러나 여전히 많은 학교는 종이 서류 중심의 시스템에서 벗어나지 못하고 있다. 이런 행정적 부담은 현장의 교사라면 누구나 느끼는 문제인데, 이 때문에라도 나는 디지털과 AI를 학습보다 행정에 우선 도입하면 좋겠다는 입장이다.

디지털과 AI는 교사가 반복적으로 처리하는 행정 업무를 줄이고 효율성을 높이는 데 큰 역할을 할 수 있다. 멀리 갈 것 없이 현장체험학습 관련 서류만 봐도 그렇다. AI가 대표적인 현장체험학습 장소를 분석하여 몇 가지 추천안을 제시한다. 학부모와 학생의 선호도를 수합할 전자 설문지를 생성하고, 결과를 기반으로 체험학습 장소를 선정한 뒤, 관련 공문을 자동으로 작성한다. 이렇게 되면 수익자부담경비 안내문과 결제 시스템이 연동되어, 학부모가 간편하게 결제할 수 있다.

이런 과정만 디지털화되어도 교사는 체험학습의 본질에 집중한 준비와 실행에 더 힘쓸 수 있다. 또 데이터가 디지털로 통합 관리되기 때문에, 학교운영의 투명성과 효율성도 자연스레 높아질 것이다.

학교 현장은 여전히 전자 시스템과 아날로그 방식이 공존하는 과도기에 있다. 디지털과 AI를 학습에 활용하는 것은 물론 중요한 과제다. AI를 활용한 맞춤형 학습, 데이터 기반의 학습 분석, 학생 개별화 학습 설계 등 AI는 학습 혁신의 가능성을 열어준다. 하지만 앞서 살폈듯 현재의 단계에서 디지털과 AI로의 교육 대전환은 시기상조인 데 반해, 오히려 행정업무 효율화 등에는 당장 즉각적이고 효과적으로 쓰일 수 있다.

AI와 디지털 기술이 행정업무에서 효율성을 발휘한다면, 교사들은 학습 설계와 실행에 더 많은 에너지를 쏟을 수 있다. 그리고 이는 학생에게 더 나은 교육환경을 제공하는 도약의 발판이 되어줄 것이다.

17   IB 교육

- IB 교육이 무엇인가요?

2020년 들어
IB 교육이 꽤 화두인데

?? 과자 아님 ??

초등 / 중등 / 고등 과정이 따로 있어요!

International Baccalaureate Organization, 스위스 비영리교육재단인 IBO에서 개발하여 운영하고, 국제적으로 인정받는 교육과정이라고 보면 된다.

우리나라에 후보학교가 한 60개 정도 되는 걸로 알아요!

참고로 나는 2024년 기준 IB 후보학교에서 근무하고 있다.

보통 IB 학교는
'관심학교 – 후보학교 – 월드스쿨' 인증 순으로 진화하는데,

누군가 나에게
이렇게 물어보면

심지어 혁신학교 앞에
근조화환 보냄;;

IB 교육을 경험한 입장에서,
IB 교육의 가장 큰 장점은
'세계적인 인증'이라고 생각한다.

하지만 IB가 강조하는 주제 중심의 탐구 단원(UOI) 구성,
토론, 창의력, 사고력, 탐구, 서·논술형 절대평가 등 수업 방식은
솔직히 우리나라 혁신교육이나 2022 개정교육과정과도
큰 차이가 없다.

물론 전 세계적으로 인정받을 만큼 체계적이며 이상적인 교육과정이라는 점에서는 이견이 없다.

하지만, 세금으로 운영되는 우리나라 공교육 체계에서 월드스쿨 인증까지 한 학교당 수천만 원의 로열티 등을 지급해야 하고,

한국어 IB를 도입해도 고등학교 두 과목은 영어로 진행되는데 일반 학생들이 현실적으로 따라갈 수 있는가 등의 어려운 점들이 있어 서구권 중심의 '귀족교육'이란 비판도 분명히 있다.

실제로 IB는 국제학교, 외국인학교, 외고 등에서 먼저 도입되었고, 우리나라의 일반적인 교육 현실과 괴리된 점이 있다.

교육정책은 아무리 좋아도 보편적 적용이 가능해야 한다는 점에서, IB 교육이 지속될 수 있을지 의문이긴 하다.

아무튼 이런 말을 하는 연수 강사들의 이야기를 들으면 정말 공감이 안 가는 것도 사실.

IB 공교육 도입에 관한 현실적인 질문들

IB 교육이 교육계의 뜨거운 감자로 떠올랐는데, 내가 마침 2024년에 장학사에서 교사로 복직하며 발령 난 학교가 광명에 딱 하나 있는 IB 후보학교였다. IB 연수도 본격적으로 듣고, 학교에서 선생님들과 함께 UOI도 함께 짜고 실행해보니 IB 교육에 관해 어느 정도 알게 되었다. IB 교육은 정말 세련된 체계를 갖춘, 혁신교육에서 꿈꾸던 교육과정과 방법의 이상적인 모델로도 보였다.

하지만 IB 학교를 경험하고 있음에도 몇몇 의문을 해소할 수 없었다. 질문 세 가지를 살펴보자.

첫째, 학교 간 불평등과 서열화

제주특별자치도교육청에서는 IB 학교를 인구 소멸 위기 지역 활성화 수단으로 삼고 있다. 외부 학생 유치를 위해 수백억 원을 투자해 기숙사와 교육 공간을 신축하고 있는데, 이는 학교 간 서열화를 부추길 위험이 있다. 주변 학교와 비교했을 때 IB 학교가 받는 지원이 역차별로 비칠 수 있다. 이는 공교육이 지향하는 형평성과 거리가 멀다.

둘째, 비용과 지속 가능성

IB 도입에는 한 학교당 연간 로열티만 약 천만 원에 이르고, 교사 연수 비용도 천문학적이며, 학생 평가 비용 역시 만만치 않다. 이 모든 비용이 공교육 예산, 다시 말해 세금으로 충당된다. 일부 IB 학교와 소수 학생을 위해 막대한 세금이 쓰인다는 점은 형평성 논란을 불러올 수 있다. 더욱이 공립학교의 특성상 교원 순환이 잦아, IB 운영의 지속 가능성에도 의문이 따른다. 한 학교가 IB 시스템을 갖출 때쯤, 대부분 교사가 다른 학교로 이동해야 하는 문제도 있다. 새로 전입한 교사들이 IB 시스템에 적응하려면 상당한 시간이 필요한데, 이는 혁신학교 초기 모델과 유사한 한계를 보여준다.

셋째, 공교육 내 IB의 역할 모호

현재 시도교육청이 제시한 IB 운영 계획은 구체적인 비전보다 단순히 연구학교 수준에 머물러 있다는 인상을 준다. 몇 년도까지 몇 개 학교를 운영하고, 몇 회의 연수를 진행한다는 계획 외에 IB가 공교육 전반에 어떤 변화를 부를 수 있는지에 대한 명확한 비전이 보이지 않는다. IB 도입이 단순히 "우리는 IB를 도입하고 있다"라는 정치적 메시지에 불과하다면, 과연 막대한 예산을 들여 추진할 가치가 있을지 재고해야 한다. IB 학교가 지역 내 확산이 어렵다는 특성을 감안하면, 공교육 전체에 미치는 영향은 한정적일 가능성이 크다.

IB 도입은 공교육 혁신을 위한 중요한 시도일 수 있다. 공교육에 IB를 성공적으로 도입하려면 단기적 성과에 매몰되지 않고, 장기적인 안목으로 접근해야 한다. IB가 공교육 전반의 변화와 혁신을 이끌어낼 수 있도록 구체적인 비전과 체계적인 실행 계획을 수립하는 것이 우선이다.

18 교육만능론

– 학교에서 가르치면 학생은 다 배우나요?

사회적으로
사건, 사고가 일어나면
이런 기사들이 쏟아진다.

그리고 대략
이런 과정을 거쳐,

학교에서 반드시 해야 할
'필수교육'으로
자리 잡게 된다.
교직원 의무교육도 당연히
같이 들어온다.

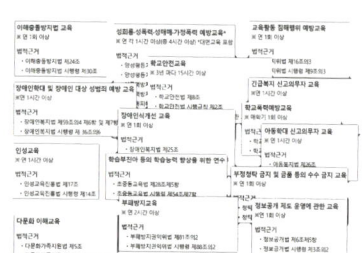

이 중에서 의미 없는 것이 어디 있겠냐마는,
이제 학교에서 더 이상 소화가 불가능한 지점에 도달한 게 문제이다.

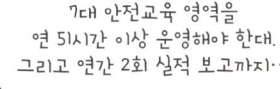

7대 안전교육 영역을
연 51시간 이상 운영해야 한대.
그리고 연간 2회 실적 보고까지…

예를 들어
세월호 참사 이후
학교에는
안전교육 시수가
폭발적으로 늘었다.

창체 시간만으론
51시간을
절대로 이수할 수 없다.
그러니 교과와 연계하여
교육해야 하는데…

선생님!
이해가
안 돼요.
ㅠㅠ

교과수업도
벅찬데…

또 이런 수업을 했다는 기록을 어떻게 남겨야 하느냐?
다음과 같은 뒤죽박죽 수업 계획서를 '서류'로 남겨야 한다.

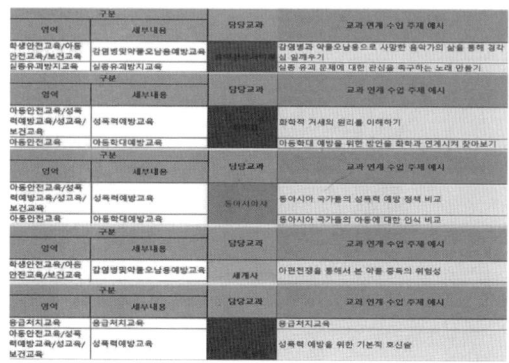

화학2 - (성폭력예방교육) - 화학적 거세의 원리를 이해하기
세계사 - (감염병및약물오남용) - 아편전쟁을 통해서 본 약물중독 위험성

가끔 SNS에서 이런 글들이 도는데,
사실 학교에서는 더 이상 못 가르칠 만큼 많은 것을 가르친다.

또 사실, 학교에서 무작정 가르친다고 해서,
아이들이 잘 배울 거라는 생각은 사실 환상에 가깝다.

또 우리나라는 초중등 교육이 실질적인 교육의
마지막 시점이라고 느끼는 경우가 많아서

초중등 교육에
무엇이건
다 때려 넣는 듯한
느낌이다.

말했듯이 의미 없는 교육이 어디 있겠냐마는

3학년 세 자리 뺄셈,
받아내림이 두 번 있는 뺄셈은
딱 1차시 부여.

물론 어느 정도 자율성이 있지만
어차피 전체 시수가 정해져 있기 때문에…

앞으로 학교가
미래교육을 잘하기 위해서는
'무엇을 더할지' 보다,
'무엇에 집중'하고 '무엇을 뺄지'에
더 관심을 가져야 할 것 같다는
생각이 든다.

주도성은 '여유'에서 나온다.

OECD의 학습 나침반 2030을 시작으로 학생의 주도성이 강조되고, 2022 개정교육과정에서도 주도성이 매우 강조되며 이에 따라 교사 주도성도 함께 주목받고 있다. 과연 주도성은 어디서 나올까? 물론 여러 요인이 있겠지만 나는 단연코 '여유'에서 나온다고 생각한다. 하루 벌어서 하루 사는 사람에게 "너의 삶을 주도적으로 개척하라"라는 말은 '배부른 소리'로 들리기 쉽다. 학교 교육을 통해 사회의 바람직한 변화를 위한다면 교사의 주도성 이전에 교사에게 여유가 있는지를 살펴야 한다. 하지만 우리나라 교사들은 여유를 가지기 쉽지 않은 환경에 놓여 있다.

교사가 여유를 가지기 어려운 이유는 단순하고 명확하다. 일이 너무 많기 때문이다. 한 번은 경기도의회 의원들이 모인 토론회에 참석한 적이 있었다. 그 자리에서 한 토론자가 이런 말을 했다. "의원님들이 학교 현장을 좋게 만들기 위해 열심히 일하실수록, 학교는 더 힘들어집니다."

이 말에 깊이 공감했다. 매년 학교가 필수적으로 해야 할 업무는 늘어나고, 교사가 받는 민원의 양도 많아지고 있다. 심지어 민원의 질은 상상을 초월하는 것들이 많다. 교사가 급한 불을 끄듯 여기저기 대응하느라 하루를 보내고 나면, 주도적으로 교육 활동에 집중할 여력이 남아 있지 않다.

여기에 더해 교육청에서 내려오는 각종 지침과 매뉴얼은 갈수록 교사의 숨통을 조인다. 완벽한 관리와 기록을 요구하는 규정은 교사가 진정성 있는 수업을 설계하거나, 학생들과 의미 있는 관계를 맺는 데 필요한 에너지를 앗아간다. 실수에 대한 책임을 지나치게 강조하는 세태는 교사들이 새롭고 도전적인 시도보다는, 위험을 회피하고 최소한의 에너지만 소모하는 방식을 강요한다.

이와 같은 현실에서 교사에게 주도성을 요구해도 주도성을 제대로 발휘하기는 어렵다. 살펴봤듯 교사 개인의 의지나 노력의 문제가 아니기 때문이다. 개인의 열정을 강요하기보다는 교사가 소진되지 않을 수 있는 환경을 만들어야 한다. 교사가 여유를 가져야만 주도적으로 교육을 설계하고, 학생들과의 관계에서 진심 어린 배려와 창의적 시도를 더 할 수 있다. 이는 곧 학생들에게도 긍정적인 영향을 미치며, 궁극적으로 사회가 기대하는 바람직한 변화를 만들어내는 밑거름이 될 것이다.

주도성은 여유에서 나온다. 그리고 여유는 시스템의 변화와 지원에서 시작된다. 어떤 교육정책이 실패했다면 정책의 내용이 엉망이라서가 아니다. 그 정책을 원활하게 작동케 할 수단이 없거나, 이에 대한 별다른 조치를 취하지 못했기 때문일 것이다.

19 공교육 붕괴

– 공교육이 붕괴하는 이유는 무엇인가요?

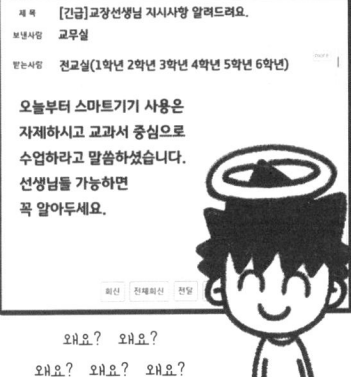

"애들 무릎만 까져도 교사 탓…" 운동장 잠근 학교들

작은 부상에도 학부모 민원 잇따라… 점심·쉬는시간 못 나가게 막아

하지만 진짜 이유는 사고 예방 때문이다. 학생들이 점심 시간 운동장에서 놀다가 다치는 사건으로 학부모 항의가 이어지자 교장이 사용 금지령을 내렸다. 한 교사는 "아이들은 시간만 나면 운동장에서 뛰어놀고 싶어하는데, 학부모들의 항의도 무시할 수 없는 상황"이라고 했다. 이 학교의 체육 시간은 평균 주당 3시간이다.

'바나나에 콘돔 끼우기' 성교육, 학부모 항의로 취소

교장 "해당 교사에게 주의 주겠다"

해당 학교 교장은 언론인터뷰에서 "콘돔과 바나나까지 준비하면서 자세하게 성교육을 시키는 것이 오히려 성녹행을 부추길 수 있다는 학부모의 항의를 받았다"며 "해당 교사가 자세하게 성교육을 하는 것이 교육적 효과가 있을 것으로 판단했다가 학부모 지적을 수긍해 수업을 취소한 것"이라고 해명했다.

비상식적인 민원과
그를 수용할 수밖에 없는
공교육의 민원 시스템이다.

소수의 극단적 사례 같지만,
대한민국 모든 학교에서
실제로 일어나고 있는 일이다.

민원이라는 것이
순기능도 있지만…

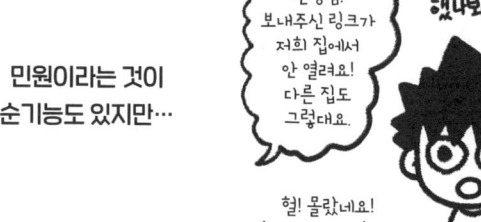

그야말로 악성 민원은 공교육에 있어 최악의 암적 존재다.

그동안 경험한 바로 악성 민원인의 공통점은 '자존감'이 매우 낮다는 것이다.

*자존감 낮은 사람이 악성 민원인이라는 뜻은 아닙니다.

특히 자녀의 부족함이나 본인의 부족함을 학교나 교사 탓을 하는 경우가 많이 보인다.

물론 어느 집단에나 이상한 사람들이 있는 건 사실이지만, 문제는 학교가 이 악성 민원에 매우 취약하다는 점이다.

그나마 다행인 건 2023년 교사 집회 이후, 악성 민원인에 대한 대응이 조금씩은 나아지고 있다는 점이다.

학교가 공공기관인 이상 민원이 있는 건 당연하겠지만, 공교육 붕괴의 주범이 악성 민원인 만큼 이 부분은 반드시 해결해야 한다.

권리의 남용이 만드는 민원의 왕국

교육청에서 근무하며 느낀 점 중 하나는 학교뿐만 아니라 교육청 또한 민원에 극히 취약하다는 점이다. 민원은 다양한 방식으로 들어온다. 전화로 직접 제기되기도 하고, 도의원이나 시의원을 거쳐 의원실에서 연락이 오는 경우도 있다. 언론에 제보되거나 정보공개청구 형태로 들어오기도 한다. 물론 가장 대표적인 경로는 단연 '국민신문고'다.

국민신문고는 누구나 작성할 수 있다. 문제는 아무리 비정상적인 내용이라도 한 번 접수되면, 일정 기간(7~14일) 내에 반드시 답변해야 한다는 점이다. 답변이 완료되면 민원인은 해당 답변에 대해 별점을 매기는데, 이 점수는 교육청에 기관장 평가, 부서 평가, 성과급에까지 영향을 미친다. 한마디로 별 하나만 받아도 타격이 크다.

　　나는 개인적으로 나 자신을 겨냥한 국민신문고를 참 많이 받았는데, 그중에는 나를 파면하라는 요청도 있었고, 모 단체에서는 내가 개인 SNS에 올린 기사를 캡처하여 공개 사과를 요구하기도 했었다. 이런 터무니없는 민원에도 육하원 칙을 따져가며 관련 법령을 꼼꼼히 검토해 정성껏 답변했지만 대부분 돌아온 결과는 '별 하나'. 나 혼자 피해받으면 차라리 속이 불편한 일은 없겠지만, 별 하나라는 평가는 우리 부서의 성과급에도 영향을 끼쳐 직장 동료들을 볼 낯이 없었다. 그다음부터는 SNS에 글 하나 올리더라도 자유롭게 올리지 못하니 재미가 없어지고, 이전처럼 개성 있는 콘텐츠가 나올 수가 없었다.

　　학교든 교육청이든 상식을 벗어난 민원은 애초에 거를 수 있는 최소한의 시스템이 필요하지 않을까? 또 답변 내용이 민원인의 기대와 다를 수는 있지만, 정성껏 작성된 답변에 달리는 별점 테러가 과연 성숙한 민주시민의 태도에 맞는 것인지 회의가 들었고, 또 이런 테러가 당사자는 물론이고 부서의 성과급에까지 영향을 미치는 시스템이 과연 타당한지에 관해서도 고민하게 되었다.

민원 처리는 투명하고 신속하게 이루어져야 하는 게 맞지만, 동시에 민원이라는 도구가 남용되지 않도록 하는 균형 잡힌 접근도 필요하다고 본다. 민원은 국민의 권리지만 그 권리가 공공 업무를 마비시킬 정도로 남용된다면 그것이 과연 어느 한 사람에게라도 도움 되는 일일지, 다시 한번 생각해 볼 문제이다.

20 학교폭력과 학교폭력 예방법
-「더 글로리」의 나라, 학교폭력은 처벌만이 답일까요?

2023년 대한민국을 강타한 드라마 「더 글로리」. 학교폭력을 당한 주인공이 성인이 되어 학폭 가해자들에게 복수한다는 내용이다.

학창시절 학교폭력을 저질렀던 가해자들이 그야말로 '참교육' 당하는 장면을 보면서 전 국민이 '사이다'라고 극찬했다.

또 잊을만하면 연예인이나 운동선수의 학폭 논란이 터지면서 한순간에 나락을 가는 모습도 보게 된다.

그만큼 우리나라는 학폭 문제에 대해서 예민하고, 아예 「학교폭력 예방 및 대책에 관한 법률」, 소위 '학폭법'까지 만들어 시행 중이다.

그런데 학교에서는 이 학폭법이 꽤 문제다. 가해자에게는 사이다 같은 벌을 주고, 피해자는 구제하면 될 텐데 왜 문제가 될까?

일단 현실은 드라마나 웹툰과 다르다. 대부분 사건을 선악으로 분명히 구분하기 어렵다.

다음은 실제로 있었던 일이다.
A는 계속해서 B를 놀리고 말도 함부로 하는 경향이 있었다.

어느 하루에 B가 기분이 별로였는데, 그날에도 A가 말을 함부로 하자 B는 홧김에 A를 밀침…

A 학부모는 바로 B를 학폭으로 신고했고, 평소 A의 언행에 불만이 많았던 B 학부모도 맞신고했다.

나중에는 서로
변호사까지 선임하여
소송전…

웃기게도
A와 B는 다 잊고
교실에서 함께 노는데
부모들끼리
답도 없는 전쟁 중.

드라마에서
나오는 것처럼
명확한 사건은
오히려 쉬워요.

이렇듯 현실에서는
가해자와 피해자를
칼같이 나누기
어려운 경우가 대부분…

학교가 법정이 되니,
각종 법무법인에서는
'학교폭력 전문 변호사'라는
이름으로 홍보하고,
학폭 담당 교사가 행정적으로
손톱만 한 잘못이라도 하면
그걸 또 문제 삼는다.

조사를
편파적으로
하고,

소송할 거다!

절차에 문제가 있다!

학교는 어떠한 갈등도
없어야 하는 무균실이 아니다.
다만 갈등이 생기면
가해자를 처벌하기보단
책임을 느끼고 사과하도록
교육하는 곳인데…

가끔씩 SNS를 보면
우리나라 사람들은
'사이다'에 열광하는 거 같다.
심정적으로는
이해되기도 하지만,
과연 이게 옳은 모습인지는
모르겠다.

어떤 갈등이 발생했을 때
최소한 학교에서만큼은,
시간이 걸리더라도
피해자와 가해자가
관계를 회복할 수 있도록
교육적 지원을 하면 좋겠다.

학교폭력, 오해와 현실 사이에서

드라마나 영화, 웹툰에서 묘사되는 학교폭력의 모습과 실제 학교 현장에서의 모습은 상당히 다르다. 대중의 인식 속에서 학교폭력은 '일진'이 다른 학생을 주먹으로 폭행하거나 집단 괴롭힘을 일삼는 모습으로 그려진다. 물론 이러한 극단적인 사례도 없지는 않다. 하지만 대부분의 학교폭력은 흑백논리로 나눌 수 없는 진흙탕 싸움에 가깝다.

여기에 더해, '학교는 가능하면 학교폭력을 은폐하려고 한다'라는 오해도 널리 퍼져 있다. 그러나 현 제도상 학교가 학폭을 은폐하는 것은 사실상 불가능하다. 학폭위를 열어달라는 요청이 있으면 반드시 열어야만 한다. 학폭을 은폐하기 위해서는 국민신문고 민원, 감사, 언론보도 등 훨씬 큰 위험을 감수해야 한다. 학교 측에서는 오히려 사안을 조사해 교육청에 넘기는 쪽이 수월하고 깔끔하다. 다만, 학폭위를 열기 전에 교육적으로 해결하려는 시도와 노력을 해볼 뿐이다.

먼저 알아둬야 할 사실이 있다. 우리나라는 OECD 선진국 중에서도 학교폭력 피해 경험 비율이 가장 낮은 나라라는 점. 학교폭력 피해 경험 비율 OECD 평균이 22.7%인데, 한국의 학교폭력 경험 비율은 9.4%로 OECD에서 가장 낮다. 물론 학교폭력 피해를 경험한 학생의 마음을 숫자로 표현할 수 없겠지만, 어쨌든 우리나라는 전 세계에서 첫손에 꼽히는 '학교폭력 청정국가'에 가깝다고 할 수 있다.

대부분 학부모는 "우리 아이가 학교폭력에 연루된다면 피해자일 것이다. 우리 아이가 나쁜 아이일 리 없다"라고 여긴다. 그러나 학교라는 공동체 속에서 생활하다 보면 어느 학생이라도 상황에 따라 의도치 않게 가해자가 될 수 있다. 학교폭력의 성립은 신체적, 언어적 폭력의 의도와 상관없이 피해자가 느끼는 감정에 따르기 때문이다.

그래서 대부분의 학교폭력 사례는 가해자와 피해자가 명확히 구분되지 않는다. 한 아이가 친구를 계속해서 놀리다가 어느 날 상대방이 참지 못하고 물리적으로 반응했다고 가

정해보자. 이때는 누가 가해자일까? 이처럼 양측 모두 피해를 주장하며 서로를 가해자로 신고하는 경우가 대다수이다.

진짜 문제는 흑백논리로 나뉘지 않는 상황도 아니다. 아이들의 다툼이 으레 그러하듯, 시간이 지나면 다퉜던 아이들은 언제 그랬냐는 듯 서로 화해하고 다시 사이가 회복된다. 하지만 학폭으로 서로를 신고한 부모들 간의 감정은 아이들의 마음과 다르다. 서로 극한의 상황으로 치달아 소송까지 가는 일이 드물지 않다. 이것이 진짜 문제다.

OECD가 2030년 교육 비전에서 강조하는 변혁적 역량 중 하나가 갈등 해소 능력이다. 갈등을 해결하는 방법을 '신고'와 '처벌'로만 배우게 된다면, 이러한 역량을 기를 기회는 영영 사라지고 만다. 물론 심각한 사안이라면 당연히 신고와 그에 따른 절차 진행을 해야 한다. 하지만 학교에서 발생하는 적지 않은 문제는 서로 대화로 풀어볼 법하다.

특히나 초등학교에서는 아이들이 교육적으로 갈등을 조정하고 회복하는 방법을 배우는 것이 중요하다. 신고와 처벌이라는 해결 방식은 아이들의 성장과 공동체 회복에 도움이 되지 않는다. 진정으로 아이들이 사회의 구성원으로서 조화로운 관계 맺기를 배우길 바란다면 아이들에게 갈등이 생겼을 때 이를 조정하고 회복할 수 있는 힘을 길러줘야만 한다.

21 위기의 아이들
– 학교의 금쪽이들은 어떻게 해야 하나요?

정도의 차이는 있겠지만
어느 학교에나
금쪽이는 있다.

잘했든 잘못했든
아이의 마음을
돌보게 한다.

아이들의 수는
해가 갈수록 줄고 있지만,
특수교육 대상자와
정서행동 위기학생 수는
꾸준히 늘고 있다.

2023년 기준,
정서행동 위기 관심군
학생 중 84%가
학부모의 거부로
치료받지 못했다.

이렇게 된
여러 이유가
있겠지만

모든 성장에는 좌절의 경험과 부정적인 감정도 반드시 필요한데,

손톱만큼의 고통도
용납하지 않는다면
아이가 과연 제대로
자랄 수 있을까?

TV에 나오는 금쪽이들은
전문적인 대면 치료가
필요한 친구들이다.

교육 현장에서도 아이의 마음은 꼭 살펴야 하지만,
대면 치료와는 상황이 크게 다르다.

아이의 상태를 고려하지 않고
담임에게만 던져놓는 방식으론 문제를 해결할 수 없다.
교육과 치료의 영역을 분명하게 구분하고,
학교에선 교육에 집중할 수 있어야 한다.

학교는 어떠한 상처도 받지 않는 곳이 아니다.
아이가 의도치 않게 상처를 받았을 때,
치료가 아닌 교육으로 그 감정을 잘 조절할 수 있도록
알려주는 곳이다.

교사 전문성의 회복과 교육 환경 개선을 위한 과제

　　현장 교사로서 교육활동을 하며 느끼는 문제들은 크게 세 가지로 정리된다. 첫째는 교사를 전문가로 인정하지 않는 시선, 둘째는 교사에게 과부하가 걸릴 정도로 막중한 업무를 맡기는 시스템, 셋째는 일부 학부모들의 비상식적인 태도와 과도한 민원이다. 이 세 가지 문제는 교사의 교육활동을 제약하고, 교육의 본질적 가치를 훼손하며, 결과적으로 학생들에게도 부정적인 영향을 미친다. 이러한 문제들을 해결하기 위한 현실적인 대안으로는, 법과 제도의 개정과 함께 문제 학생과 학부모를 대상으로 한 체계적인 교육과 지원의 마련이 필요하다.

교육 환경을 저해하는 요소들

첫 번째, 교사는 교육의 전문가이지만 사회는 교사를 전문직으로 온전히 인정하지 않는 경향이 있다. 전문직은 자신의 전문적 판단과 행위를 존중받는 직업을 뜻하지만, 교사는 교육의 전문성을 끊임없이 의심받고 통제당하기까지 한다. 단적으로 말해 교사가 수업 중 내리는 교육적 판단과 결정은 언제나 의심과 비판의 대상이 되며, 때로는 민원의 빌미가 되기도 한다. 요즘 교사들을 두고 열정이 없다며 비판하는 말도 나오는데, 그 이면에는 이러한 현실적인 좌절이 도사리고 있는 면 또한 분명히 존재한다.

두 번째, 교사는 학급 내에서 발생하는 모든 문제를 스스로 해결해야 하는 '해결사'가 되어야 한다. 학습 지도뿐만 아니라 생활 지도, 학부모 상담, 학교폭력 사건 처리 등 교육 외적인 책임은 해마다 늘어나고 있다. 특히 학생 한 명 한 명에게 신경 써야 할 일이 예전에 비할 수 없을 정도로 늘어났음에도 불구하고, 학생 수가 줄어들고 있다는 논리로 인해 교사의 수 또한 함께 줄어들고 있다. 하지만 학생 수가 줄었다고 해서 교사의 업무가 줄어드는 것은 아니고, 교육 현장에서 학생 개개인에 대한 관심과 지원은 더욱 요구되고 있는 상황이다. 이러한 구조적 문제는 교육의 질을 심각하게 저하한다.

세 번째, 일부 학부모들의 비상식적인 태도와 과도한 민원 문제이다. 이들은 자기 양육 방식에 대한 불안과 불완전함을 교사에게 전가하는 경향이 있다. 이들에게는 교사가 실제로 아동학대를 저질렀는지의 여부가 중요하지 않다. 이들에게 중요한 것은 '내 아이의 기분'이다. 교사가 자녀에게 불편함이나 불쾌함을 줬다고 판단하는 순간, 그것을 곧 학대와 동일시한다. 이러한 태도는 '내 아이 기분 상해죄'라는 표현이 나올 만큼 비합리적이고 부당하다. 결과적으로 교사는 교육적 행위를 포기하게 되고, 선량한 다수의 학생이 그 피해를 감수하게 된다. 교육은 성장과정에서 일부 고통과 불편함을 통해 배우고, 이를 극복하며 성장하는 과정이다. 그러나 일부 학부모는 자기 자녀의 작은 불편함조차 용납하지 못하며, 민원과 고소를 남용한다. 이로 인해 교사들은 자신의 정당한 교육적 판단조차 실행에 옮기지 못하는 상황에 놓이고, 결과적으로 그 피해는 애꿎은 다수의 학생이 받게 된다.

교육 환경 개선을 위한 바람들

교사는 교육의 전문가이다. 그러나 현재의 교육 환경은 교사의 전문성을 온전히 발휘하기 어렵게 만들고 있다. 교사가 교육의 본질에 집중할 수 있는 사회적 신뢰와 제도적 뒷

받침이 필요하다. 이를 위해서라도 교사의 전문적 활동을 대중이 알 수 있도록 적극적으로 외부에 알려야 한다. 내가 교사 인플루언서의 활동을 긍정적으로 보는 것 역시 이러한 부분이 큰 비중을 차지한다.

교사가 수업 설계, 생활 지도, 교육 상담, 학생 복지 등 다양한 영역에서 얼마나 전문적인 역할을 수행하는지 사회적으로 널리 알려야 한다. 이를 통해 교사가 적당히 아이들을 가르치고 단순한 행정 업무를 수행하는 직업이 아니라, 학생들의 성장을 이끄는 핵심적인 전문가임을 인식시키는 계기를 만들어야 한다.

마지막으로 일부 학부모의 비상식적 태도와 민원 남용을 개선하기 위해 국가 차원의 적극적인 노력이 필요하다. 현재의 민원 중심적 환경을 벗어나, 학부모도 교육 공동체의 일원으로서 책임과 역할을 이해하도록 돕는 체계가 마련되어야 한다. 막연한 비판을 넘어 구체적으로 이야기해보자면, '부모교육'을 의무적으로 받는 방법을 제안하고 싶다.

예비군 훈련처럼 부모교육을 일정 주기로 의무화하는 방식은 현실적으로 가능할 것으로 보인다. 자녀의 나이에 따른 교육 프로그램을 만들고, 1년에 하루는 직장을 공가 처리해 의무적으로 교육을 받는 것이다. 이 교육일에 자녀 교육의 본질과 교사의 역할을 이해시키는 것이 필요하다. 부모교육은 단순한 정보 전달을 넘어, 자녀와의 건강한 소통 방법과 학부모로서의 책임을 배우는 중요한 기회가 되어줄 수 있을 것이다.

* 이 글은 경상남도 창남초등학교 차승민 선생님의 글을 바탕으로 작성했습니다.

22 교권이란?
– 교권은 어떻게 확립할 수 있을까요?

2023년은 교육계에 있어
역사적 한 획을 그은
한 해였다고 생각한다.
수십만의 교사가
거리로 나온 '교사 집회'

근데 뭐 변한 게 있나요?

9월 교권 4법 통과, 10월 학교전담경찰관(SPO) 확대,
학교폭력전담조사관 도입, 12월 아동학대처벌법 개정···

개인적으로 2023년 교사 집회는
다음과 같은 의미를 남겼다고 생각하는데

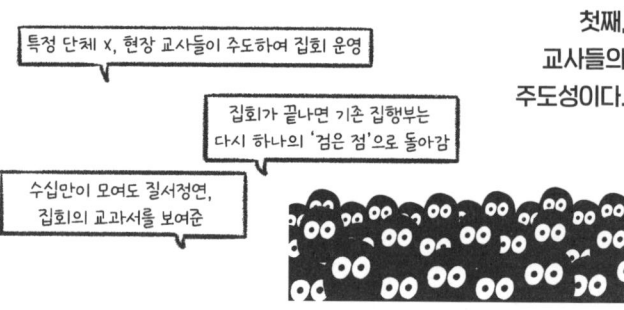

첫째, 교사들의 주도성이다.

- 특정 단체 X, 현장 교사들이 주도하여 집회 운영
- 집회가 끝나면 기존 집행부는 다시 하나의 '검은 점'으로 돌아감
- 수십만이 모여도 질서정연, 집회의 교과서를 보여줌

둘째, MZ 세대, 2030 교사들의 활약이다.

- 집회를 주도
- 현장 교사 정책TF 보고서
- SNS 등에서 활발하게 정보 제공, 활동
- 각종 콘텐츠 제작, 번역하여 외신에 알림

그 어떤 교육운동보다 역동적이고 스마트했음. 앞으로의 미래가 기대됨.

셋째, 교육을 포기하지 않은 교사들의 열정이다.

수당을 올려달라고도, 복지 향상을 외치지도, 근무형태를 바꿔달라고도 안 했음.

오로지 요구한 것은

학생은 배울 수 있게! 교사는 가르칠 수 있게!

특히 9월 4일,
'집회 참여 시 징계'라던
교육부가 '징계 안 함'으로
급선회하도록 한 것도
모두 교사들의 단결된
목소리 덕분이었다.

교사들이 한목소리를
내는 것만큼 중요한 것이
바로 교사 스스로
교권을 확립하는 것이라고
늘 이야기하는데,

일단, 우리 스스로
교권을 무너트리고
있지는 않은지
살펴봐야 한다.

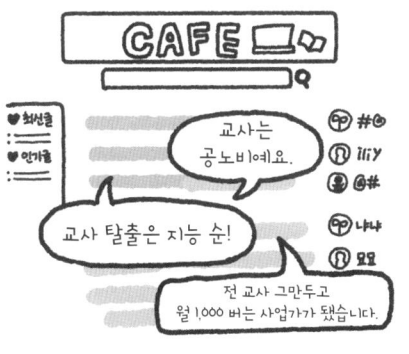

우리 직업에 대한 자부심은
다른 사람이 주는 게 아니다.
먼저 우리 스스로가
가져야 한다.

또 가장 중요한 건
우리가 교실에서
실천하는 매일매일의
전문성이다.

언론에 나오는 극단적인
교권 침해 사례들은
없는 일이 아니긴 하지만,
일종의 교통사고나
자연재해에 가깝다.

교사가 교실에서
전문성을 바탕으로
꾸준하게 실천하고,
다양한 경로로
실천한 모습을
사회에 알리는 것.

반짝반짝 빛나는 수많은 교실의 모습과
이를 위한 교사의 노력들이 더 많이 알려지면 좋겠다.

교육 전문가로서의 단련, 마음의 준비

교권이 바로 서기 위해서는 제도적 기반이 반드시 필요하다. 지금까지 교권 보호를 위한 제도가 거의 없거나, 있어도 유명무실했던 것이 사실이다. 그 결과 교사는 악성 민원에 시달리고, 수업 중 통제되지 않는 학생을 제대로 지도하지 못해 어려움을 겪어 왔다. 교사와 학생 간의 권리와 의무를 명확히 하고, 교사가 교육적 판단에 따라 행동할 수 있는 권한과 보호 장치를 제공하는 제도적 기반이 단단히 갖춰져야 한다.

또한 제도가 아무리 잘 설계되더라도, 학교 공동체의 지원이 함께 이루어지지 않는다면 실효성을 발휘하기 어렵다. 학교에서 벌어지는 모든 일은 결국 학교 공동체 내에서 처리되고 해결된다. 제도는 외부에서 지원하는 기반이지만, 그 것을 실제로 실행하고, 실질적인 변화를 만들어내는 것은 교사와 학교 구성원 간의 '협력'이다.

그럼에도 불구하고, 최종적으로는 교사 개인의 역량이 관건이 될 수밖에 없다. 같은 학교, 동일한 상황에서 같은 대응을 했다고 해서 항상 같은 결과가 나오는 것은 아니다. 개개인의 경험, 태도, 역량에 따라 결과가 달라지기 마련이다. 이러한 개인차를 줄이는 것이 바로 제도와 시스템의 역할이다.

물론 아무리 제도가 뒷받침되더라도, 교사의 몫으로 남아 있는 부분은 분명 존재한다. 때로는 아주 사소해 보이는 일이 한 교사에게는 큰 충격으로 여겨지는 반면, 어떤 교사는 정말 심각한 상황도 대수롭지 않게 넘기며 의연히 대처하기도 한다. 이렇듯 개인이 느끼는 어려움과 스트레스를 제도나 공동체가 완전히 해결해 줄 수는 없다. 특히 학교 현장에서 발생하는 많은 문제는 수업 전문성보다 생활지도, 학부모 상담, 그리고 교육활동에서 비롯된다. 이 모든 영역이 '교육'이라는 이름 아래 이루어지기에, 교사는 단순히 지식을 전달하는 '강사'가 아니라 '교육 전문가'여야만 한다.

교육 전문가란 학생의 학습을 지도할 수 있는 지식과 기술뿐 아니라, 학생, 학부모, 동료와의 관계 속에서 갈등을 해결하고, 문제 상황을 관리하며, 정서적으로 건강한 관계를 만들어갈 수 있는 사람을 뜻한다. 이러한 역량은 태어날 때부터 갖추고 나는 것이 아니라, 교사 스스로의 마음 단련과 성장으로 일굴 수 있다. 제도가 교사를 보호하고, 공동체가 교사에게 힘을 실어주는 것은 필요조건이지만, 충분조건은 아니다. 결국 교사 자신의 내면을 단련하고, 갈등 상황을 해결할 수 있는 역량과 태도를 갖춰야 한다. 교권의 회복은 단단한 제도와 시스템의 지원을 바탕으로, 교사가 교육 전문가로서의 책임과 능력을 단련하는 과정에서도 이루어진다.

다리 근육이 약한 육상선수나 폐활량이 부족한 수영선수가 있을까? 그들 역시 해당 분야에서 일반인에 비할 바 없이 압도적인 역량을 갖춘 전문가, 다른 말로는 '프로'로 인정받기 위해 끊임없는 훈련과 단련을 거친다. 마찬가지로, 교사 역시 아이들과 학부모를 상대하는 교육 전문가로서 부단한 노력이 필요함은 당연하다.

각종 민원이나 학생 민원을 모조리 교사 개인의 역량으로 소화해내라는 말은 결코 아니다. 다만 교육 전문가가 된다는 것은 단순히 수업만 하는 사람이 아니라, 사람을 이해하고 갈등을 해결하며, 아이들의 성장을 돕는 강인한 마음과 기술을 겸비한 존재가 되는 것을 의미한다. 그러니 교사 개인의 부단한 노력 또한 필수라는 이야기이다. 이제는 나를 지키고, 교육 전문가로 인정받기 위해 마음의 근육을 단련해보자.

*이 글은 경기도 정왕중학교 유재 교감선생님의 글을 바탕으로 작성했습니다.

23 | 교원 징계

– 교원의 징계는 어떻게 이뤄지나요?

여태 대부분 긍정적인 주제를 다뤘는데, 이번에는 조금 불편한 주제인 '징계'를 다뤄보려 한다.

누가~ 죄인~~인가~~~

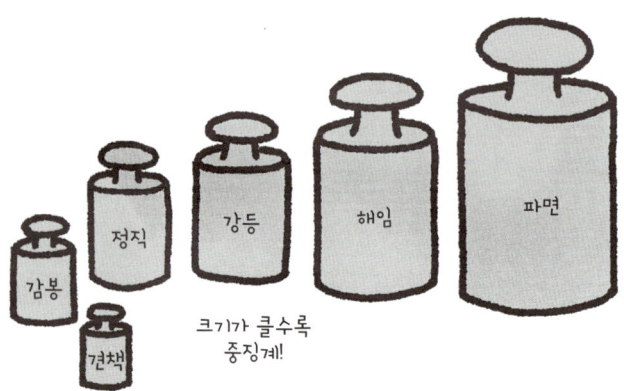

크기가 클수록 중징계!

일단 징계의 종류를 살펴보면,
'견책 – 감봉 – 정직 – 강등 – 해임 – 파면' 등이 있다.

징계를 받으면 비정기 전보로
다른 지역으로 튕기고,
성과급도 못 받고,
승진 시에도 불이익이 있어요…

'견책'과 '감봉'은
경징계라고 하지만
실질적인 체감은 다르다.
징계를 받아 인사 기록에 남는 순간,
공무원으로서는 불이익이 크다.

받더라도 대부분 '주의', '경고'죠.
주의와 경고는 인사 기록에 남지 않아요.
기분은 나쁨…

뭘 잘못해야
징계를 받느냐고 하지만,
솔직히 대부분의 교사는
징계를 받을만한 일이 없다.

징계는 대부분
5대 비위, 즉 음주운전,
금품수수 및 횡령,
학생 폭행, 성비위,
성적조작 등
여지없는 잘못을
대상으로 이뤄진다.

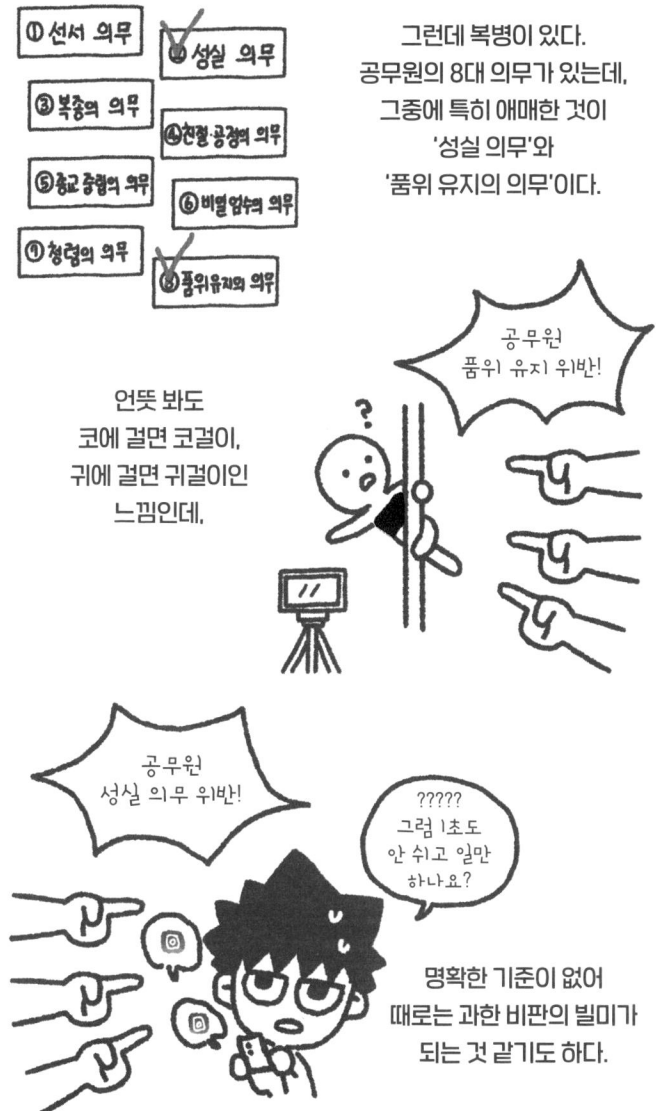

교원의 징계, 그리고 개선되어야 할 과제

종종 SNS나 메신저를 통해 동료 교사들에게 "감사는 어떻게 대처해야 하느냐"라는 SOS를 받곤 한다. 대부분의 교사는 감사라는 단어만 들어도 가슴이 철렁하는데, 교육지원청이나 감사기관의 감사는 대부분 행정적 실수를 지적하는 데에서 시작된다. 고의가 아닌 부주의로 인한 행정 실수는 감사의 주요 대상이지만, 대개는 주의나 경고 수준으로 종결된다.

징계로 이어지는 경우는 분명한 잘못이 드러났을 때다. 대표적으로 '5대 비위'로 분류되는 금품·향응 수수, 성비위, 상습폭행, 성적 조작, 그리고 음주운전은 누구도 변명할 수 없는 징계 사유다. 이 외에도 온라인상에서의 극단적인 협

오 콘텐츠 게시, 정치적 중립 위반과 같은 사안도 징계로 이어질 수 있다.

최근 들어 아동학대 관련 징계는 교원에게 가장 민감한 주제다. 보건복지부와 아동권리보장원의 통계에 따르면, 2021년 아동학대 행위자로 등록된 교직원 수는 1,229명이었지만, 실제 기소율은 1.6%에 불과했다. 이는 98% 이상의 경우가 아동학대로 인정되지 않았음을 의미한다. 하지만 기소 과정에서 교원이 겪는 고통은 상상을 초월한다.

아동학대 혐의로 신고된 교사는 경찰서, 교육청, 검찰을 오가며 직위해제와 같은 중대한 처분을 감내해야 한다. 또한, 변호사를 고용하고 자력구제를 통해 자신의 결백을 증명해야 하는 부담도 크다. "대부분 아동학대가 아니라고 결과가 나오니 너만 당당하다면 괜찮다"라는 말은 현실을 모르는 소리에 가깝다.

2023년 9월부터 시행된 교육감 의견 제출 제도는 이러한 문제를 완화하는 데 기여하고 있다. 해당 제도에 따르면, 교원이 아동학대로 신고된 경우, 교육감이 정당한 교육활동이었다고 판단하면 이에 대한 의견을 제출할 수 있다. 2023년 9월부터 2024년 8월까지 접수된 695건 중 485건, 즉 69.8%가 정당한 교육활동이라는 의견을 받았다.

이 제도의 효과는 통계로도 확인된다. 교육감 의견 제출이 있었던 사안의 경우, 경찰 수사 개시 전 종결이 28.2%, 검찰 불기소가 57.3%에 달하며, 이를 합하면 85.4%의 사건이 징계로 이어지지 않았다. 이는 2018년부터 2022년까지의 평균 불기소 및 경찰 수사 개시 전 종결 비율인 53.9%와 비교했을 때 상당히 개선된 수치다.

교원이 잘못을 저질렀다면 징계를 받는 것은 당연하다. 그러나 아동학대처럼 '내 아이 기분 상해죄'로 악용되는 일은 반드시 개선해야 한다. 또한 아동학대 신고가 악의적으로 이루어지는 경우를 방지하기 위해 신고 요건을 구체화하고, 허위신고에 대한 엄격한 처벌규정을 마련해야 한다. 잘못된 관행과 제도, 시스템이 개선될 때, 교사는 비로소 학생들과의 관계에 온전히 집중하며 진정한 교육의 가치를 실현할 수 있을 것이다.

24 교육과 법
– 교육 관련 법은 어떤 것들이 있을까요?

우리나라의 교육행정은 법치주의를 원칙으로 한다.

법치주의!

또, 「초·중등교육법」 제20조 4항을 보면 "교사는 법령에서 정하는 바에 따라 학생을 교육한다." 라고 되어 있다.

법령에서 정하는 교사의 역할은 학생을 교육하는 것이지, 행정업무에 관한 이야기는 없답니다. 하하!

헌법을 제외하고 모든 법령 제1조에서는 법의 목적을 밝히는데, 교육 관련 법들을 살펴보자면

이 식당으로 말할 것 같으면…

제일 먼저 「교육기본법」.
교육기본법은 그야말로
교육제도와 그 운영에 관한
기본적 사항을 규정하고 있다.

또 「유아교육법」.
원래는 「초·중등교육법」에
부속되어 있었지만,
2004년 유아교육에 대한
국가의 책임을 강조하며
독립된 법률로 만들어졌다.

다음은 「초·중등교육법」.
초등교육과 중등교육에
대한 사항을 정하고 있다.

초중등 다음은 「고등교육법」.
초·중등교육법이 초등학교와
중·고등학교에 대한 법이라면,
고등교육법은 대학에
관련된 법을 다룬다.

보통 '장특법'이라고 해요!

그리고
「장애인 등에 대한 특수교육법」.
2007년에 「특수교육 진흥법」을
폐지하고 만든 법이며,
통합교육을 강조하고 있다.

그 외에도
「평생교육법」,
「지방교육자치에 관한 법률」,
「사립학교법」
등이 있다.

이렇게 다양한 교육법이 있는데, 솔직히 법을 전공하지 않고서는 이 법들을 다 알 수가 없다.

그래도 최소한의 관심은 가져야 한다. 예를 들어 국정감사 시즌만 되면 개별 국회의원들의 '요구자료'가 '긴급'이라는 이름으로 빗발치는데

막상 「국회법」, 「국회법」, 「국정감사 및 조사에 관한 법률」, 「국회에서의 증언·감정 등에 관한 법률」 어떤 법률에도 '개별 국회의원'이 자료를 요구할 수 있는 근거는 없다.

개별 국회의원이 아니라 국회 본회의, 위원회, 또는 소위원회 의결을 거쳐 행정기관에 요구할 수 있게 되어 있는데, 이 과정을 모조리 생략한 요구인 셈이다.

실제로 실천교육교사모임 회장이었던 정성식 선생님은 국회의원 자료 제출 요구를 적법절차에 따라 하라는 민원 제기와 정보공개 청구를 하기도 했다.

언제나 강조하는 것이, 교실 안에서 교육에 충실한 것도 당연히 필요하지만, 교실 밖의 교육환경에도 관심을 가지면 큰 맥락에서 이해되는 것이 많다.

법 없이 살 교사도 알아야 할 법들

「초·중등교육법」제20조 제4항에서는 "교사는 법령에서 정하는 바에 따라 학생을 교육한다."라고 명시하고 있다. 우리가 하는 교육활동은 그야말로 법령에서 정하는 바에 따른 활동이다. 재미있는 사실이 하나 있다면 불과 몇십 년 전까지만 해도, 지금은 사라진 구「교육법」제75조 제3항에 따라 "교사는 교장의 명을 받아 학생을 교육한다."라는 조항이 존재했다는 사실이다. 대한민국 정부 수립 이후 48년 동안 교사는 '교장의 지시'에 종속된 존재로 규정되어 있었다. 교사의 자율성과 전문성은 그래도 이 시절에 비하면 존중받는 분위기로 나아지는 중인 것 같다.

몰라서 더 답답한 '법'

현재 우리나라의 교육 현장은 800여 개의 법령 아래에 놓여있다. 그러나 이러한 법령 중 상당수는 그때그때 땜질식으로 급하게 제정되었고, 체계적인 정비가 부족한 상황이다. 심지어 제대로 된 법적 근거 없이 시행되고 있는 정책과 사업도 버젓이 존재한다. 대표적인 예가 '돌봄'과 '방과후교실'이다. 그 취지가 교육인지 보육인지부터 명확하지 않은 이 정책들을 비롯한 어떠한 정책들은 충분한 논의와 계획 없이 포퓰리즘에 따라 시행되며, 준비 부족에 따라 필연적으로 발생하는 부작용과 문제들을 모조리 학교로 전가한다. 따라서 학교에는 피로가 누적되고, 결국 사회적 갈등을 유발한다. 동시에 정책의 명확한 법적 근거 부재는 정책 시행의 정당성과 지속가능성을 약화한다.

적지 않은 시간을 교사로 살며 주변의 동료들을 보니, 대부분 교사는 그야말로 '법 없이도 살 사람들'이다. 선량하고 도덕적이며, 겸손하고 성실한 편이다. 하지만 교사를 둘러싼 사회의 시스템이 법으로 짜여 있는 이상, 교사 또한 학교 현장에서 법적 지식으로 자신을 보호하고, 법적인 틀 내에서 아이들을 올바른 방향으로 교육할 수 있어야 한다. 이러한 맥락에서 교사들이 교육과 관련된 법전인 「대한민국헌법」, 「교육기본법」,「교육공무원법」,「초·중등교육법」,「교원지위향상을 위한 특별법」을 모두 숙독하기는 어렵겠지만, 한 번쯤은 훑어보기라도 하면 좋겠다.

이런 법은 당장 개정되길

「아동학대범죄의 처벌 등에 관한 특례법」 제17조의3에 따르면 "사법경찰관은「유아교육법」및「초·중등교육법」에 따른 교원의 교육활동 중 행위가 아동학대범죄로 신고되어 수사 중인 사건과 관련하여 관할 교육감이 의견을 제출하는 경우, 이를 사건기록에 편철하고 아동학대범죄사건 수사 및 제24조 후단에 따른 의견을 제시할 때 참고하여야 한다."라고 되어 있다. 그런데 같은 법 제24조에 따르면 "사법경찰관은 아동학대범죄를 신속히 수사하여 사건을 검사에게 송치하여야 한다. 이 경우 사법경찰관은 해당 사건을 아동보호사건으로 처리하는 것이 적절한지에 관한 의견을 제시할 수 있다."라고 되어 있다.

이에 따르면 아동학대로 신고된 경우에는 교육감이 정당한 교육활동이라고 의견을 제출하더라도, 일단 경찰 수사가 개시되면 수사 결과 혐의 여부와 무관하게 교사의 검찰 송치가 불가피해진다. 교육감이 판단했을 때 정당한 교육활동임에도 불구하고, 아동학대 사안으로 신고되었다면, 신고 당한 교사는 그 경위와 무관하게 검찰로 송치되어 직위해제를 당할 수 있다. 말도 안 되는 이야기로 들릴지도 모르지만, 모두 현실에서 벌어지고 있는 일들이다.

이런 상황을 막기 위해서라도 "…검사에게 송치하여야 한다."라는 부분을 "…검사에게 사건을 송치하지 아니할 수 있다."로 개정하는 것이 맞을 것으로 보인다. 이렇게 개정하더라도 경찰이 아동학대라고 판단한다면 검사에게 사건을 송치할 수 있는 여지도 있기에, 기존 아동학대법의 취지에서도 크게 어긋나지 않는다.

권리를 지키기 위해 알아야 할 법

교사들이 법 없이 살아갈 수 있는 사람이라 할지라도, 교사를 둘러싼 주변 환경은 그렇지 않을 수 있다. 다시 말해 교사가 법령이 정한 바에 따라 학생을 가르치는 한, 반드시 법을 알아야만 자신의 권리를 지킬 수 있다는 점을 강조하고 싶다. 특히 교육 현장에서 법적 지식은 교사들의 자율성과 전문성을 보호하고, 학생들을 올바르게 지도하기 위한 필수적인 도구이기도 하다.

법을 알고 이해하는 것은 단순히 자신을 보호하는 것

을 넘어, 우리의 교육이 더 높은 수준으로 나아가기 위한 필수적인 과정임을 잊지 말아야 한다. 우리 교사들 역시 법의 바깥에 있는 사람이 아니라, 법령이 정한 바에 따라 학생들을 가르치는 사람임을 잊어서는 안 되겠다.

25 교육과 정치
– 교육에도 진보와 보수가 있나요?

결론부터 말하면 교육뿐만 아니라
사회 모든 면에서 '진보'와 '보수'가 존재한다.

진보와 보수가
가장 대립하는 분야는
아무래도 '정치'일 텐데

「교육기본법」 제6조를 보면,
교육은 정치적 중립성을
강조하고 있다.

특히 우리나라에서는
공무원인 교사의
정치적 중립을
매우 강조하고 있다.

이는 교사가
개인의 정치적 의견을 앞세워
학생을 지도하는 것을
막기 위함인데…

솔직히 말 한마디만 잘못해도
아동학대가 될 수 있는
요즘 시대에,
간 크게 교실에서 저렇게
편파적인 말을 할 수 있는
교사가 얼마나 될까?

아무튼 교육에도 진보와 보수가 있는데,
내 전체적인 느낌은 다음과 같다.

그런데 특히
교육 분야는
진보와 보수로
명확히 나뉘기
어려운 부분이 있다.
대표적인 것이
'무상급식'인데,

진보의
대표적인
정책이지만,

의무교육
측면에서
보수적 차원의
정책.

이미
정착되었기
때문에
나뉘기도 애매.

진보 교육감 ㅇㅇ명!
보수 교육감 ㅇㅇ명!

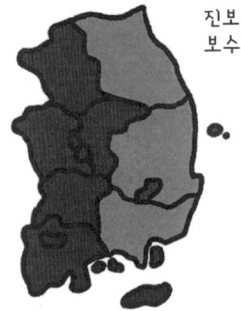

교육은 '중립'이라지만
지방선거 이후 교육감은
언제나 진보와 보수로 나뉜다.

다음은 가장 최근 대선 때
진보와 보수 후보의 주요 교육정책이다.

진보? 보수?

유보통합 추진 저녁 7시 돌봄 확대 학급 당 학생 수 단계적 축소 기본학력 전담교사 배치 중3 기본학습역량 진단 디지털 전환 교육 - 미래인재 지역에서 배우는 지역학습일 대입 공정성 위원회 설치	단계별 유보통합 추진 저녁 8시 돌봄 확대 정치이념으로부터 중립확보 AI 보조교사 도입 주기적 전수 학력평가 디지털교육체제로의 대전환 고교유형 다양화 입시 비리 암행어사제

놀랍게도 진보와 보수의 차이가 별로 없다.

조금 심하게 말하면
우리나라 교육정책은

진보, 보수의 가치보단
여당, 야당 등
정치에 휘둘리고

우리나라 장기 교육정책을 추진하는 '국가교육위원회'도 진보와 보수로 나뉘어 싸우는 걸 보면…

아무래도 교육의 '정치적 중립'은 교사에게만 적용되는 걸로…

우리나라에선 16세 이상만 돼도 정당 가입과 정치활동이 가능하지만, 교사는 언급도 못 함.

근무시간과 수업시간엔 엄격하게 정치적 중립, 하지만 그 외에는 민주시민으로서 자유롭게 정치활동에 참여할 수 있기를!

다 모르겠고, 최소한 근무시간을 제외한 교사의 정치적 기본권은 좀 보장해주면 좋겠다.

철학보다는 일단 당선

　　교육도 다른 분야와 마찬가지로 오랫동안 진보와 보수라는 두 축을 중심으로 발전해왔다. 진보적 관점은 교육을 사회적 변화와 혁신의 도구로 삼아 창의성, 비판적 사고, 다양성 존중을 강조하고, 보수적 관점은 전통적 가치와 안정성을 중시하며 기본 학습 능력과 규율을 중요시한다. 그러나 최근 들어 이러한 이념적 차이보다 포퓰리즘이 교육 정책에 더 큰 영향을 미치고 있다.

　　2022년 대선 당시 주요 후보들의 교육 공약은 상당히 유사했는데, 진보와 보수의 경계가 모호해 보였다. 후보들의 교육 공약을 보면 디지털 교육 확대, 유보통합 등 유사한 공약이 많았고, 이는 유권자의 선호를 반영한 결과로 보인다. 대중이 민감하게 반응하는 주제를 중심으로 한 공약들이 많았던 것이 사실이며, 이는 대선 교육 공약이 교육적이라기보다는 포퓰리즘적 성격을 띤다는 비판의 근거가 된다.

비슷한 예시로 과학고 유치는 진보 교육적 관점에서 비판받는 사례 중 하나다. 진보 교육에서는 교육의 공공성과 형평성을 중시하며, 특정 계층이나 지역에 혜택이 집중되는 구조를 지양한다. 그런 점에서 과학고와 같은 특수목적고등학교는 종종 교육 불평등을 심화시키는 요인으로 비판받아 왔다.

그럼에도 불구하고, 진보 정당 소속 국회의원조차 자신의 지역구에 과학고를 유치하기 위해 적극적으로 노력하는 모습을 자주 볼 수 있다. 이는 교육철학과 정치적 현실 사이의 간극을 보여주는 단적인 사례다. 지역 발전과 유권자의 요구를 무시할 수 없는 정치인들이 진보적 이념을 따른다고 하면서도 현실적으로는 이념에 상충하는 행동을 하는 것이다.

이러한 모습은 교육정책이 이상적 철학에 기반해야 한다는 원칙과, 유권자의 실질적 요구를 조화시키기가 얼마나 어려운지 단적으로 보여준다. 진보와 보수를 초월해, 교육정책의 설계와 집행이 대중의 요구와 교육의 본질 사이에서 균형을 잡아야 하는 도전 과제를 안고 있음을 다시금 깨닫게 한다.

교육정책에서 진보와 보수의 차이는 여전히 존재하지만, 최근에는 이 구분조차 희미해지며 포퓰리즘이 가장 중요한 요소 중 하나로 자리 잡았다. 이는 유권자의 요구를 반영하는 긍정적인 측면도 있지만, 정책의 일관성과 실행 가능성을 약화할 위험도 내포한다.

따라서 교육정책은 단순히 표심을 얻기 위한 수단이 아니라, 학생과 사회의 미래를 위한 책임 있는 설계가 되어야 한다. 장기적 비전과 본질적 가치를 기반으로 하는 정책이야말로 교육의 지속 가능성과 진정한 발전을 이끌어낼 수 있다.

26 교사 출신 교육감?
– 교육부장관과 교육감은 왜 교사 출신이 아닐까요?

우리나라 3군을 관장하는 국방부장관은 모두 군인 출신이다.

그런데 우리나라 공교육을 관장하는 교육부장관 중 교사 출신은 없다.

우리나라 교육부장관은 대부분 대학교수 출신인데,

현장 교사 경력이
전혀 없어
문제가 있을 것 같지만…

교육부장관은 국무위원이다.
다시 말해 정치적인 직위라
꼭 교사 출신일 필요가
있을지는 모르겠다.

진짜 문제는
역대 교육부장관의
재임 기간이 평균
14개월 정도로
들쭉날쭉하다는 것.

그만큼 정책도 들쭉날쭉…

그렇다면 초중등 교육을 관장하는
시도교육감은?

총 17명의 시도교육감이 있어요!

임기는 4년이고, 3번 연임 할 수 있어요.

시도교육감은 지방선거 때 투표로 선출된다.

한때는 전교조 지부장 등
교사 출신 교육감이
주류가 되기도 했었지만,
이제는 다시
교수나 정치인 출신이
주류가 되었다.

투표로 교육감을 선출하다 보니
공무원인 교사는 당연히
선거에 나갈 수 없고,
선거운동도 할 수 없다.

교사가 교육감 선거에 나가려면

선거일 90일 전까지 사직해야 해요!

교육감 선거는 정치적 중립을 표방하지만,
실제로는 진보와 보수 후보의 대결 양상으로 진행되고

그래서 갈수록 유력 정치인들을
용병으로 데려오는 느낌…

전체적으로 인지도가 낮아
무효 표도 많이 나오는 등
교육감 직선제에 대한
비판도 많은 편이다.

교육청에 교사 출신이
많아져야 한다! 라고 하지만,
실제로 전국 176개
교육지원청 교육장도
100% 교사 출신,
그 아래 모든 장학관, 장학사도
100% 교사 출신…

츄르나 줘

그냥 내가
나가봐???

요즘은 후보가 '교사 출신'인가보다는
'어떤 사람'인가가 더 중요한 거 같기도 하다.

내가 교육부장관과 교육감이 될 상인가?

교육부장관과 교육감이 교사 출신이어야 한다는 주장에, 나는 그다지 동의하지 않는 편이다. 학교에서 근무한 경험이 현장의 이해에 유리할 수 있다는 점에는 일부 동의하지만, 이를 필수조건으로 삼는 것은 타당하지 않은 면도 있다. 특히 아주 최근까지 교사로 재직한 경우가 아니라면, 과거의 교사 경력은 현재의 학교와 학생들을 이해하는 데 크게 도움 되지 않을 수 있다.

학교 현장은 매년 변화하고, 아이들의 성향 또한 매년 달라진다. 이러한 변화는 1, 2년의 공백기를 가진 뒤 학교로 복직만 해도 확연히 느끼게 된다. 그런데 하물며 20~30년 전의 교사 경험이라면 오늘날의 현장을 이해하는 데 도움이 된다기보다는, 되레 시대착오적인 선입견으로 작용할 여지도 없지는 않아 보인다.

교육청과 교육지원청에서 근무하는 교육장, 장학관, 장학사들은 모두 100% 교사 출신이다. 하지만 이들이 학교 현장을 완벽히 이해하고, 이를 바탕으로 지원을 충실히 수행하고 있는지에 대해서는 사람마다 판단이 다르다. 또한 당장 2025년 기준 17개 시도교육청의 교육감 중 11개 지역(인천, 대구, 대전, 울산, 세종, 강원, 충남, 전남, 경북, 경남, 제주)의 교육감도 현장 교사 출신이다.

아무튼 교육부장관은 정치인

좋고 싫고를 떠나, 교육부장관은 본질적으로 정치적 역할을 수행하는 자리다. 교사들에게는 정치적 중립을 엄격히 요구하면서도, 대한민국 공교육의 최고 책임자인 교육부장관이 정치인이라는 점은 언제나 아이러니하게 느껴진다. 이를 국방부장관과 비교해 보면 차이가 더욱 두드러진다. 국방부장관은 주로 소위부터 대장까지 군에서 경력을 쌓아온 장교 출신이 맡는 반면, 교육부장관은 정치인이 임명되는 경우가 대부분이다.

다만 교육부장관은 국민이 직접 선출하는 직위가 아니며, 대통령의 공약과 교육정책 방향에 부합하는 역할을 수행해야 하는 국무위원이라는 점을 잊어서는 안 된다. 이런 특성상, 교육부장관의 행보는 교육보다는 정치적 성향과 뉘앙스를 강하게 띨 수밖에 없는, 어쩔 수 없는 면이 있다고 생각한다. 따라서 교육부장관이 교사 출신일 필요는 없다는 게 내 개인적인 견해이다.

가장 원론적인 교육감의 자질

반면 교육감은 지역의 교육 방향과 환경을 결정하는 막중한 역할을 맡고 있다. 사람마다 기준이 다를 수 있겠지만 나는 기초와 기본에 충실한 교육감이 좋고, 또 필요하다고 여긴다. 교육은 대단히 혁명적인 변화나 거창한 비전의 제시로 이루어지지 않는다. 오히려 교육의 본질은 안정적이고 일관된 환경에서 학생들이 성장할 수 있도록 돕는 것이다. 이를 위해 교육감은 본인의 정치적 입지보다, 학교가 잘 돌아가도록 묵묵히 지원하는 역할에 충실한 사람이어야 할 것 같다는 게 내 생각이다.

좋은 교육감은 새로운 사업과 정책을 도입하는 데 열을 올리기보다, 기존의 불필요하거나 비효율적인 정책을 정리하는 데 더 큰 노력을 기울여야 한다. 따라서 자신의 정책을 돋보이게 하려고 각종 구호나 미사여구를 남발하는 후보는 그의 정책들을 아주 면밀하게 검토해야 한다. 대개의 경우 진정한 교육의 발전은 겉으로 드러나는 성과보다는 내실을 다지는 과정에서 이뤄진다.

또한, 교육의 우선순위를 어디에 두느냐도 중요한 문제다. 교육감은 고등학교보다 중학교를, 중학교보다 초등학교를, 그리고 초등학교보다 유치원을 강조해야 한다. 이는 교육의 출발점에서부터 아이들이 올바르게 성장할 수 있도록 돕는 데 주력해야 함을 뜻한다. 따라서 교육감은 교육의 초석이 되는 유아교육과 초등교육에 더 많은 관심과 자원을 집중해야 한다.

마지막으로, 교육감은 반드시 교육계에서 오랜 시간 몸담으며 초중등 교육에 대한 깊은 이해를 쌓아온 사람이어야 한다. 단순히 교사 출신이라는 것만으로는 충분하지 않다. 교사 출신이 아니더라도 교육 현장의 실질적인 문제와 행정 시스템을 깊이 이해하고 있는 사람이 더욱 적합하다. 또한 이러한 이유 때문에라도, 교육감 선거를 위해 정치인 출신을 영입하는 방식은 반드시 피해야 한다.

교육감은 정치적 인기나 이미지로 결정해도 괜찮은 자

리가 아니다. 교육은 지역의 모든 학생과 교사를 위한 것이며, 이를 책임질 교육감은 그 출신을 떠나 정치적 목적이 아닌 교육적 가치를 최우선으로 삼는 인물이어야만 한다.

27 교사의 정치 기본권

– 교사의 정치 기본권은 어디까지 보장이 되나요?

내가 SNS를 하면서 굉장히 예민해지는 때가 있는데…

바로 선거철이다. 내 얘기가 혹시라도 정치적인 내용으로 오해받을까 봐 매우 조심스러워진다.

예전에 이런 일도 있었다. 선거 봉투의 스티커를 먼저 떼서 투표용지가 달라붙었다는 만화를 그린 적이 있는데

이런 내용의
디엠을 받기도….

어우, 좀
떨어져라, 떨어져.

앞에서 살펴본 것처럼
우리나라 공교육 체계에서
정치와 교육은
떼려야 뗄 수가 없는데,

'교육의 정치적 중립성'이라는
법률 조항을 근거로,
교사는 정당가입, 선거운동,
정치후원 등 어떤 정치 참여도
하지 못한다.

공무원이니 그럴 수도 있겠다 싶지만,
예컨대 교육감 선거처럼 교사에게 영향이 직결되는 사안과 정책 등에
어떤 의사 표현도 할 수 없다는 것은 큰 문제이다.

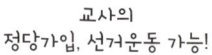

프랑스, 영국, 독일, 미국 등
세계 여러 나라에서는
일정 범위 내에서
교사의 정치 참여를
보장하고 있다.

우리나라는
2022년부터
만 16세가 넘으면
정당가입이 가능한데,

그 학생들을 지도하고 가르치는 교사는
정작 정당가입도 불가능하다.
OECD 가입국 중 교원의 정당가입과 활동을
금지하는 국가는 거의 한국뿐이다.

어떤 문제가 있을 때
목소리를 내지 않으면
정책을 결정하는 누구도
관심 가져주지 않는다.

또한 독일은
의회에 진출한 교원 비율이
20%가 넘지만,
한국은 이제야 극소수가
2024년에 국회에 진출했다.
그것도 모두
사표를 쓰고서야 가능했다.

교실에서 교육을 빙자한 정치적 '세뇌'를 한다면 당연히 문제이지만, 요즘 학생과 학부모가 그런다고 순순히 '세뇌' 당할 리도 없고,

일과시간이나 학생 대상으론 정치적 중립을 확실히 지키되, 일과 이후에는 정당가입이나 선거운동 정도는 허용해줬으면.

만약에 신룡이 나타나 교사와 관련된 소원을 하나 들어준다면, 난 고민 없이 이렇게 말할 것 같다.

교사의 정치 기본권: 시민으로 살아갈 권리

2016년 4월 총선이 끝나고 한 보수단체는 교사 70여 명을 선거관리위원회에 고발했다. SNS에 정치적 의사 표현을 하거나 정치 관련 기사를 공유했다는 이유 때문이다. 당시 검찰에 22명의 교사가 기소당했고, 33명을 기소유예 처분했다. 교사에게 기소는 말할 것도 없고, 기소유예만 받아도 별도로 교육청의 징계위원회에 회부된다. 대부분이 SNS에서 선거 관련 기사를 링크하거나, '좋아요'를 누르거나, 특정 정당이나 후보를 지지 또는 반대하는 글을 게시하여 선거운동을 했다는 이유이다.

여타 OECD 국가들과 비교했을 때, 대한민국 교사의

정치 기본권은 상당히 제한적이다. 대부분의 OECD 국가에서는 교사도 일반 시민과 동일한 정치적 권리를 누린다. 교사도 정치적 발언을 자유롭게 할 수 있고, 선거운동에 참여하거나 정치집회에 참석할 수 있다. 반면 한국에서는 교사의 정치활동은 법적으로 제한되어 있고, 특히 「국가공무원법」과 「교육공무원법」은 교사의 정당 가입, 선거운동, 정치적 발언 등을 금지하고 있다. 이로 인해 교사는 정치적 견해를 표현하거나 민주적 참여 활동에 관여하는 데 큰 제약을 받는다. 자연스럽게 교사의 목소리, 발언권도 약해진다.

「공직선거법」 제60조에서는 선거운동을 할 수 없는 자로 '대한민국 국민이 아닌 자'와 '18세 미만의 선거권이 없는 자'를 규정하고 있다. 그리고? 바로 교원과 공무원이 그러하다. 최소한 정치 기본권에 있어서 교원과 공무원은 대한민국 국민이 아니거나 미성년자 수준의 위치에 놓인 셈이다.

교사가 선거운동을 한다고 해서 교실에서 아이들에게 정치적 세뇌를 할 것이라는 우려는 과장된 고정관념일 뿐이다. 교실과 학교 밖에서 민주시민으로 살아가는 교사를 통해 아이들은 진정한 민주주의의 가치를 배울 수 있다. 하지만 현실에서 교사들은 정치적 견해를 표현하는 것조차 제한된 환경 속에 놓여 있다.

그나마 희망적인 것은 2024년 총선을 앞두고 우리나라 두 거대 정당 대표 모두 공무원과 교사의 정치 기본권 보장에 대해 찬성 의사를 밝혔으며, 상대적으로 보수 성향으로 알려진 한국교총 회장도 2025년 취임식에서 "교원 정치 기본권의 단계적 확대도 추진하겠다"라고 공개적으로 천명했다는 점이다.

교사들이 교실 밖에서 민주시민으로 사는 것을 보장하지 않는 나라에서 어떻게 민주시민교육을 제대로 할 수 있을까? 우리 교사는 학교와 교실 안에서, 수업 시간에 아이들에게 정치적 편향성을 주입하고 싶은 것이 아니다. 학교와 교실 밖에서 민주시민으로서 헌법이 보장한 기본 권리를 요구하는 것뿐이다. 그게 그렇게 어려운 일일까?

28 교원단체
– 교원단체와 노조를 알아볼까요?

사람들은 사회생활을 하면서 각종 단체를 만드는데, 교사도 예외는 아니다.

대표적으로 '교원단체'와 '교원노조'가 있는데, 교원단체는 「교육기본법」에, 교원노조는 「교원의 노동조합 설립 및 운영 등에 관련 법률」에 근거를 둔다.

교원단체에는 현재 우리나라에서는 '한국교원단체총연합(교총)'만이 법적으로 유일한 교원단체로 인정받고 있다.

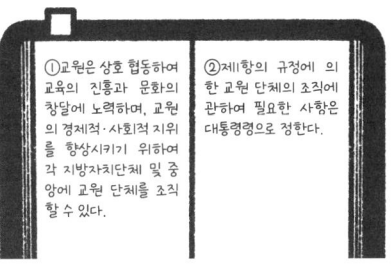

그 이유는 1997년 12월 13일 「교육기본법」
제15조 신설된 조항은 다음과 같다.
1항 – 교원단체를 조직할 수 있다.
2항 – 1항의 사항은 대통령령으로 정한다.

그런데 2항의 대통령령,
즉 대통령 시행령이 정해지지 않아
그전까지 유일 교원단체였던
교총만이 지금까지도 교원단체로
인정받고 있는 것이다.

그래도 우리나라
최대 교원단체인 건 사실…!

그 외의 대표적인 교원단체로 '좋은교사운동'은 기독교에,
'새로운학교네트워크'는 혁신학교운동에,
'실천교육교사모임'은 교사 전문직관에 바탕을 둔 교원단체이다.

한편 교원노조는 비교적 여러 단체가 운영 중인데,
대표적으로 '전국교직원노동조합(전교조)'와
'교사노동조합연맹(교사노조)'가 있다.

전교조는 1989년 창립한 역사가 긴 교원노조이며
그동안 우여곡절이 많은 탓에 바라보는 시선도 천차만별이지만,
관료적이고 경직되었던 학교 문화를 바꾸는 데 큰 역할을 했으며,

교사노조는 2017년 창립으로 비교적 짧은 역사를 가지고 있지만,
교사 권익 증진을 목표로 하고 20~30대 조합원이
60%가 넘는 비중을 차지하고 있다.

노동조합이다 보니 전교조는 '민주노총' 가맹 조직이며,
교사노조는 '한국노총' 회원 조합이다.

같으면서도 다른
두 거대 노동조합은
국가교육위원회
교원관련단체 위원
두 자리 중 한 자리를
두고 경쟁하는 중.
(한 자리는 교총)

보통 교원단체가 모이면 보통
이렇게 6개 단체가 모이는데,

4개 교원단체
2개 교원노조

조금씩 지향하는 바가 다르고 이념도 차이가 있긴 하지만, 모두 대한민국 교육 발전을 위한 단체들임은 확실하다.

나는 강의 때 교원단체, 교원노조, 전문적 학습공동체 각 하나씩은 가입하길 권장한다.

2023년 교사 집회 때처럼, 교사들의 단결된 힘은 정말 많은 것을 바꿀 수 있다고 믿는다.

교육을 위한 사회, 교사가 만듭니다

나는 교원단체인 실천교육교사모임(이하 '실천교사')의 경기 지역 회장으로, 2023년부터 임기를 시작했다. 현재 경기 지역의 700여 회원 교사들과, 전국적으로는 2025년 기준 3,000여 회원 교사들과 함께하고 있다. 이는 각 12~13만 명으로 알려진 '교총(한국교원단체총연합회)'과 '교사노조(교사노조연맹)'에 비하면 결코 많은 숫자는 아니다. 그럼에도 내겐 여러 교원단체 중 실천교사를 선택한 분명한 이유가 있다.

교육은 학생이 행복한 삶을 살아갈 수 있는 토대를 만드는 과정이다. 학생의 행복은 사람과 사회에 대한 균형 잡힌 인식을 바탕으로, 민주시민으로서 타인과 함께 어울려 살아갈 역량을 기르는 데서 시작된다. 이를 위해 많은 교사들이 각자의 교실에서 최선을 다하고 있지만, 개인의 노력만으로는 극복하기 쉽지 않은 사회적 흐름은 분명 실재하고, 이에 따라 개인의 노력은 생각보다 쉽게 좌절되기도 한다.

　　이러한 한계를 극복하기 위해 뜻을 모은 교사들이 있었다. 이들은 교사들이 모여 함께 배우고, 함께 목소리를 내며, 함께 변화를 만들어가겠다는 신념을 공유했다. 실제로 이들은 전국을 돌며 교육 현장에서 고군분투 중인 교사들의 목소리를 듣는 모임을 열었다. 이 모임의 이름이 '교사가 만들어가는 교육 이야기'였다. 이 모임의 과정에서 자연스럽게 좀 더 긴밀한 연대의 필요성이 제기되었고, 이름과 상징을 공모한 끝에 '실천교육교사모임'이라는 자생적 교원단체가 탄생했다.

　　실천교사는 출범 이후 학생 중심 교육을 방해하는 제도적 문제들을 해결하기 위해 적극적으로 움직이는 중이다. 교장 승진제 개혁 청원 운동, 승진가산점을 부여하는 '올해의 스승상' 폐지, 학생부 무단 유출 문제에 대한 국회의원 고발, 학교 주차장 문제 해결 촉구 등이 그 사례 중 일부다. 또한, 홍콩 민주화 운동에 연대하는 성명을 발표하고, 세계 각국의 교사들과 협력 프로젝트를 진행하며 국제 연대에도 앞장섰다.

　　실천교사는 단순히 문제를 지적하는 데 그치지 않는

다. 코로나 시국 당시에도 온라인 학습 자료를 개발하고 다문화 학생을 위한 교육 시스템을 구축하는 등 현장 중심의 대안을 제시하고 발 빠르게 움직였다. 더빙스쿨 지원, 실천교육아카데미 연수, 새 학기 실천나눔 축제와 같은 프로그램들은 교사의 전문성 강화에 도움을 주고 있다.

교육은 인간이 변화한다는 믿음에 기반을 둔다. 아이들은 어제보다 오늘, 오늘보다 내일 조금씩 성장한다. 그 작은 성장을 알아차리고 의미를 부여하려면 교사의 깊은 관심과 애정이 필요하다. 실천교사는 이 같은 가치를 실현하기 위해 오늘도 고군분투하고 있다.

나는 실천교육교사모임이 작고 느릴지라도, 교육의 본질에 가장 집중하는 교사들의 모임이라 믿는다. 이는 내가 지향하는 '교사의 전문직관'과 맞닿아 있다. 실천교사뿐 아니라 교원단체마다 각자의 방식으로 교사의 권익을 위해 노력하고 있으니 아직 가입한 교원단체가 없다면 한 곳엔 꼭 가입해서 활동하라고 권하고 싶다. 그리고 아직 어떤 교원단체가 잘 맞을지 잘 모르겠다면, 우선 교사의 전문직관에 집중하는 실천교육교사모임에 가입해보는 방법을 적극 추천하고 싶다.

*이 글은 실천교육교사모임 제5대 회장 천경호 선생님과의 인터뷰를 바탕으로 작성했습니다.

29 교육부와 교육청
– 국가교육위원회는 무엇을 할까요?

우리나라는 정부부처로 교육부가 있고, 교육부장관은 사회부총리를 겸한다. 기획재정부에 이은 「정부조직법」상 2위의 부처이기도 하다.

유아교육부터 고등교육(대학)까지, 대한민국 공교육 전반을 관장한다.

교육부는 정부부처답게 실무는 대부분 행정고시 출신 관료인 5급 사무관들이 맡고 있다.

교육부에는 장학사가 없다.
교육연구사만 있다.

교육청 장학사가 보통
12년 이상 교육 경력을
가져야 하는데,
교육연구사는 5년 이상이면
시험 볼 수 있다.
보통 유초중등 다 합쳐서
10~20명 정도
극소수만 선발.

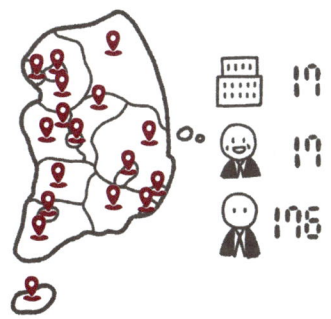

우리나라는 총 17개의
시도교육청이 있다.
교육지원청은 176개.
즉, 17명의 교육감,
176명의 교육장이 있다.

각 시도교육청의 규모는 상당히 차이가 난다. 예를 들어 경기도에는 학교가 2,500여 개 있는 반면, 세종시는 100개 정도이다.

또한 17명의 교육감은 임명직인 교육부장관과는 또 다르게, 각 시도의 주민들이 직접 선출한다.

교사는 국가공무원이지만 각 시도 안에서만 발령이 나죠!

교육청과 교육지원청은 주로 소속된 유초중등 교육을 담당한다.
그래서 교사들은 국가공무원이지만
실제로는 지방공무원처럼 각 시도 소속.

교육부도
정권이 바뀔 때마다,
교육청도
교육감이 바뀔 때마다
정책이 오락가락하는
경우가 많은데

이런 혼란을 최소화하기 위해
중장기 교육 방향을 수립하는 기관이
'국가교육위원회'이다.

그런데 국가교육위원회
위원 21명 중
대통령 지명 5명,
국회 여야 추천 9명 등등
정치 성향을
벗어날 수 없어서

국가교육위원회도
명확한 포지션 없이
존재감이 없어지는 느낌…

아무튼 아이러니하게도
학교 상위기관이
열심히 일할수록
학교는 더 힘들어지는 느낌.

어이없는 생각이지만
교육부 교육청 없이
학교만 개별로 있다면
학교의 모습이 지금보다
더 나아질지 안 좋아질지
고민도 해봤지만, 아무튼
현실성은 없는 걸로…

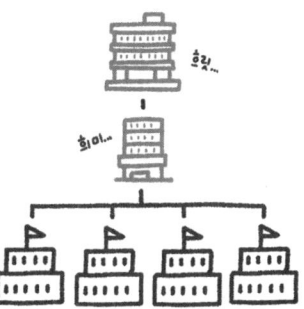

교육부, 교육청의 역할과 학교

　　교육부와 교육청은 한국 교육의 시스템적 중추이다. 학교가 학생 교육을 일선에서 담당한다면, 교육부와 교육청은 교육 정책을 설정하고 학교를 지원한다. 물론 이 기관들의 역할은 단순히 지원에만 그치지 않는다. 관리와 감독이라는 또 다른 주요한 역할을 하는데, 그래서 때로 학교 현장과의 갈등을 빚기도 한다.

　　교사들은 종종 교육부와 교육청이 현장을 잘 모른다고 비판한다. 그런데 이 질문은 역으로도 유효하다. 다시 말해 교사들 역시 교육부나 교육청의 운영체계를 제대로 이해하고 있는가 하는 질문이 가능하다는 말이다. 그래서 이번에는 교육부와 교육청의 체계에 관해 간략히 알아보고자 한다.

교육부장관은 정치인으로서 대통령의 임명을 받고 교육감은 주민 선거로 선출되지만, 정책을 실제로 시행하는 장학관과 장학사는 100%, 한 명도 빠짐없이 교사 출신이다. 그런데도 '왜 현장과 괴리된 정책이 시행되는가?'라는 의문이 생긴다. 그리고 이 의문에 대한 답은 두 가지로 이뤄진다.

첫째, 교육부와 교육청에 있는 교사 출신의 교육전문직은 상당히 소수이다. 2024년 기준으로 교육부의 정원은 전문직이 86명, 일반직이 554명으로, 일반직의 비율이 약 6.5배 더 많다. 또한 교육부의 연구사는 2024년 기준으로 15명을 선발했다. 유아 3명, 초등 3명, 중등 9명으로 선발 공고가 났고, 이들은 전국 17개 시도교육청에서 추천받아 선발되었다. 하지만 교육부의 전체 정원이 약 650명인 것을 고려하면, 기본적인 TO 자체가 너무도 모자라다.

둘째, 교육부에서 실무는 대부분 행정고시 출신 5급 사무관과 교육부 연구사가 맡는다. 보통 교육청 전문직이 교육 경력 12년 이상을 요구하는 데 비해, 교육부 연구사는 5년 이상만을 요구한다. 필요 경력이 상대적으로 상당히 짧다. 대부분 교육부 연구사는 5급 사무관이나 4급 서기관을 지원하며 업무를 수행한다.

행정고시 출신의 사무관과 서기관이 행정에서 최고의 전문가임은 확실하다. 그러니 이들에게 일정 기간이라도 현장을 경험토록 하면 어떨까? 그렇다면 모든 행정에 현장경험이 필요한 것이 아니냐는 반문이 나올 수도 있지만, 교육정책에는 특수성이 있다. 아이들이 다 자란 어른과 다르다는 점에 동의하지 못할 사람은 없을 것이다. 즉 교육정책의 대상이 어른이 아니라 아이들이라는 점 때문에라도 실무자의 현장경험이 필요해 보인다. 그리고 최고의 전문가들이 이러한 경험만 쌓는다면, 더욱 현장에 부합하는 정책을 잘 만들어낼 수 있을 것이다.

이와 함께 교육부와 교육청의 전문직 선발 기준을 개선할 필요도 있어 보인다. 현장경험과 행정 전문성이 직관적으로 보이는 머릿수에서부터 이렇게 차이가 나는 건 정말 문제라 할 수 있다. 아무리 탁월한 역량이 있더라도 한 손이 열 손을 당해내지는 못하는 법인데, 최소한의 수적 균형을 맞추려는 노력을 보여야 한다. 이는 교육부가 학교, 교사, 학생과 더욱 밀접하게 연계된 정책을 수립하는 데 크게 도움이 될 개선책이 되어줄 것이다.

30 평가

– 평가는 시험 아닌가요? 입시는요?

나는 새 학년을
시작할 때마다
교실 벽에 테이프를 붙이고
아이들 키를 잰다.

그리고 정확히 1년 뒤
종업식 때
키를 다시 재는데,
정말 놀랍게도 다들
쑥쑥 자라있다.

보통 우리나라에서는 '평가'라고 하면 언제나 '시험'을 떠올리는데

평가의 본질은 교육활동을 통해 학생이 얼마나 성장했는지 확인하는 것이다.

누구나 다 알고 있는 것처럼
우리나라는 상대평가 중심의
입시가 워낙 강조되니
평가의 순기능이 다 흡수되는 느낌…

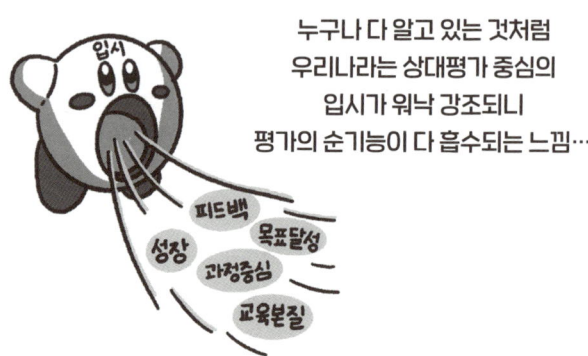

'학교'와 '교육'에 대한
말만 나오면
교육 전문가뿐만 아니라
대부분이 이렇게 말한다.

그런데 입시에 있어서는
특히 '내'가 크게
관련될수록
이렇게 말한다.

2024년 한국은행 총재가 '대학 입시를 바꿔야 집값 상승이 잡힌다'라는 취지의 주장으로 주목을 받았다.

2018년 서울대 입시 결과 분석 (자료: 한국은행)

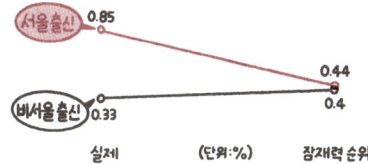

재밌는 건 2018년 서울대 입시 결과를 분석한 결과 서울 출신이 비서울 출신보다 2.5배 많았지만, 지능 등 잠재력 순위로 비교하니 거의 차이가 없었다.

결국 서울과 비서울의 서울대 진학률 차이 가운데 8%는 잠재력 차이, 92%는 거주지역 차이라고 결론지으면서 지역별로 학생을 선발하자는 지역별 비례선발제 확대를 제안했다.

이렇듯 입시는 이미 교육 문제가 아니라 사회 문제, 그것도 메가톤급으로 예민한 문제이다.

분명 공부도 재능이고 솔직히 모든 학생이 공부에 특출난 재능이 있을 수 없는 것도 사실인데

다른 건 다 몰라도 대다수의 학생이 입시 하나만 바라보고 달려가기에는 너무 비효율적인 방식이 아닐까…?

입시와 행복의 가능성

대한민국에서 입시는 모든 가정에 초미의 관심사다. 교육청 장학사로 근무했을 당시에 가끔 부모 교육을 할 때가 있었는데, 가장 많이 듣는 질문 중 하나가 "선행학습은 어디까지 해야 하느냐?"였다. 어떤 학부모는 3학년 때 이미 6학년 과정을 마쳐야 한다고 들었다며 불안함을 내비치기도 했다. 교육청 강의에서조차 선행학습에 관한 질문이 쏟아지는 현실은 부모들이 느끼는 압박과 불안을 고스란히 비춰주는 단면 그 자체였다.

"왜 이토록 입시에 민감할까?"라는 질문은 무색하다. 입시란 단순한 학업성취를 넘어, 서열화된 대학 입학에 결정적인 요소이며, 이 학벌은 곧 자녀의 이후 인생을 좌지우지한다. 우리 사회에서 학벌은 취업, 연애와 결혼, 심지어 개인의 사회적 평판에까지 크게 영향을 끼친다. 대학 입학시험은 단 하루의 성적으로 평가되지만, 그 결과는 죽을 때까지 끊어낼 수 없는 꼬리표가 되어 따라다닌다. 이러한 구조 속에서 입시는 단순히 시험을 넘어 인생 전반에 영향을 미치는 거대한 목적 자체가 된다. 우리 사회에서 이 현상에 대한 찬성과 반대의 의견은 있을지언정, 이러한 현상 자체를 부정하는 사람은 없다시피 한다.

유일한 행복의 가능성이 낳는 불행

결국 입시에 목매는 이유는 더 행복한 삶의 가능성을 높이기 위함이다. 모든 부모는 자기 자녀가 사회에서 조금이라도 더 유리한 위치에서 출발할 수 있도록 모든 것을 쏟아붓는다. 다만 이러한 선택은 자녀 행복의 가능성을 조금 높일 뿐이지, 성공을 보장하지는 못한다. 이러한 부모의 불안을 자극하며 사교육비만 끝없이 늘어나고 있다.

대한민국에서 사교육비는 언제나 커다란 문제였고, 모든 정부가 이를 줄이겠다고 약속했다. 하지만 사교육비는 코로나 시국 때 잠깐 주춤한 때를 제하고는 단 한순간도 감소한

적이 없다. 심지어 2024년 기준으로 초중고 학생 수는 전년 대비 1.3% 감소했음에도 사교육비 총액은 오히려 증가했다. 가계 지출에서 사교육비가 차지하는 비중은 거주비와 식비 다음으로 높은 정도이다.

그렇다면, 자녀 행복의 가능성을 조금이라도 높이기 위해 이렇게 막대한 사교육비를 투자하는 것이 과연 '정상'이라고 할 수 있을까? 그리고 그 성공률은 얼마나 될까? 이는 부모가 자녀의 미래에 대한 불안을 본인의 노후 자금까지 퍼부어가면서 해소하려는 시도에 가깝다. 또 한편으로는 자녀가 성인이 되어서 스스로 해결해야 할 몫까지 부모가 대신 떠맡고 있는 모습이라 안타깝기도 하다.

다양한 행복의 방식을 응원할 수 있길

난 출장 세차를 받는다. 주 2회 야간에 우리 집으로 와서 세차를 해준다. 비용도 크게 부담되지 않는 선에, 직접 세차할 시간에 다른 일을 할 수 있어 상당히 경제적으로도 느껴진다. 야간에 작업을 진행하다 보니 작업자분을 마주할 일도 거의 없는데, 어느 하루에 우연히 그를 만난 적이 있다. 그는 20대 초반의 청년이었는데, 대학을 가지 않고 스무 살부터 쉬지 않고 일하는 중이고, 하루에 10대 내외의 차량을 작업한다고 했다.

그의 수입은 나보다 높았고, 어차피 밤낮이 바뀐 시간대에 일을 해 돈 쓸 곳도 없어 돈도 잘 모인다고 했다. 그의 목표는 7~8년 동안의 집중적인 저축과 재테크로 자신의 세차장을 여는 것이라고 했다. 물론 그 이후에는 연애도 하고 싶고 결혼 생각도 있다고 했다.

내가 전혀 모르는 분야이고 모든 직업에는 장단점이 있으니, 단순히 높은 수입만 듣고서 괜찮은 일이라고 함부로 말하기는 어렵다. 하지만 적어도 그를 보니 저렇게 명확히 본인의 꿈과 계획이 있고 성실함이 받쳐준다면, 세차뿐만 아니라 무슨 일인들 못 할까 싶었다. 그리고 그가 가는 길에 적어도 사교육은 전혀 필요가 없었다.

우리 사회에는 유독 공부에 노력을 중시하는 풍조가 있지만, 운동에도 재능이 중요하듯 공부에도 재능이 중요하다. 하지만 대한민국에서는 대부분 학생이 어쩌면 자신에게 주어진 다른 엄청난 재능을 알아채지도 못한 채, 오로지 공부라는 한 분야에만 막대한 시간과 돈과 노력을 쏟아붓는 중이다. 이에 반해 그는 그런 방식의 잘못된 투자 없이 충분히 고소득을 올리는 작업자가 되어 스스로 만족하는 삶을 사는 중이었다.

그래도 하나 희망적인 것은 조금 전의 사례처럼 학업 외에도 각자의 강점과 잠재력을 키워 성공하는 사례가 차츰 많아지고 있다는 점이다. 그리고 그 사례를 접할 수 있는 범주도 점차 넓어지는 추세로 보인다. 말로만 미래교육을 외칠 것이 아니다. 단순히 학벌 경쟁을 벗어나는 것을 넘어, 개개인의 삶이 더 풍요롭고 균형 잡히게 만드는 길을 고민할 수 있게 되면 좋겠다.

31 특수교육

– 특수교육의 미래는 어떻게 될까요?

놀랍게도(?) 난 특수교육 2급 정교사 자격 보유자다.

군대를 전역하고 교사가 된 다음, 바로 대학원을 가며 전공으로 특수교육을 선택했다. 선택한 이유는 교수님이 추천해서…

그 이후 특수교육, 통합교육과 인연이 계속됐다.

그리고 지역교육청 장학사로 근무할 때 특수교육지원센터 담당 장학사로도 근무했다.

특수교육지원센터에는 민원이 꽤 많았는데, 한 고등학생이 보냈던 민원 중 하나는…

학생이 어떤 마음으로 이런 민원을 넣었는지 잘 알겠지만, 학생들의 다양성이 증대되는 요즘의 모든 교실은 이미 통합학급이라 할 수 있다.

넷플릭스 드라마
「이상한 변호사 우영우」
7화에 보면 권민우 변호사가
자폐스펙트럼장애의
우영우를 약자라고 하는 건
다 착각이라며,
이런 말을 한다.

요즘 '공정성'에
매우 민감하다 보니
자주 보이는 시선인데,
워낙 경쟁사회이다 보니
저렇게 생각할 수도
있다곤 생각한다.

그런데 세상에 정말
'공정'이라는 게 존재할까?
사람들은 수능이
가장 공정하다곤 믿지만,
과연…

아무튼 미래교육에
빠질 수 없는 것이
다양화, 개별화인 것은
아무도 부정하지 않는다.

그리고 놀랍게도 이러한
다양화, 개별화 교육을
꾸준하게 실천해오고 있는
교육이 바로 특수교육이다.

그래서 난
특수교육을 정의할 때
이렇게 얘기하곤 한다.

다만. 학생 수는
해마다 줄어가는데,
특수교육 대상자는
갈수록 늘어나는 추세다.

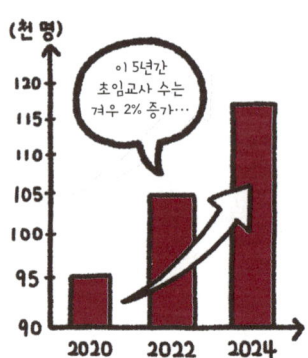

가장 큰 문제는
특수교사 1인당 학생 수,
그리고 과밀 특수학급의
증가라고 생각한다.
2024년에는 정말
가슴 아픈 일이
일어나기도 했다.

'미리 하고 있는
미래교육'이라는 말이
무색하지 않게
특수교육 환경 개선과 지원이
정말 시급해 보인다.

그럴 때면

지금까지 담임을 맡아오며 자랑스럽게 여기는 것 중 하나는 항상 통합학급을 맡아왔다는 점이다. 통합학급을 맡지 않았던 해도 있었는데, 그때는 학년에 특수학생이 한 명도 없었던 것으로 기억한다. 주로 지적장애 학생과 자폐성장애 학생을 많이 맡았고, 이런저런 일들이 있었지만, 큰 문제는 없이 잘 지나갔던 것 같다.

비교적 잘 지나갈 수 있었던 이유는 바로 '특별한 것을 하지 않았기 때문'이라고 생각한다. 장애가 있다고 해서 특별히 배려하거나, 반 친구들보다 수준이 낮은 활동을 시키거나, 1인 1역할에서 배제하는 등의 지시를 하지 않았다. 오히려 비장애 학생들과 똑같이 대하려 노력했다. 혼낼 때도 다른 친구들과 똑같은 기준으로 대했다. 무엇보다 학급에서 특수학생을 대하는 담임인 나의 태도가 가장 중요하다고 믿었다.

가끔 "그동안 만든 콘텐츠 중 최고는 무엇인가요?"라는 질문을 받으면, 나는 2011년에 4학년 학생들과 함께 만들었던 UCC 영상을 꼽고는 한다. 그 영상은 화질, 음질, 편집 등 모든 면에서 부족하지만, 그 내용만큼은 지금도 내 특수교육관과 완벽히 맞아떨어진다.

그럴 때면

-신일초 4학년 5반 UCC 동아리 *모두 가명

주혜는 우리 반에서 가장 달리기를 잘하는 친구입니다.
여학생인데도 남자들보다 훨씬 빠르답니다.

하지만 주혜는 수학 시간만 되면 한없이 작아집니다.
수학이 자신이 없기 때문입니다.
그럴 때면 우리 반 수학왕 성윤이가 도와줍니다.
성윤이는 수학을 아주 잘하기 때문입니다.
주혜는 성윤이의 도움으로 수학 문제를 풀 수 있었습니다.

그런데 성윤이는 키가 작습니다.

칠판 글씨를 지워야 하는데 키가 안 닿습니다.

그럴 때면 우리 반에서 가장 키가 큰 윤지가 도와줍니다.

윤지는 키가 크기 때문입니다.

성윤이는 윤지의 도움으로 칠판 글씨를 지울 수 있었습니다.

그런데 윤지는 리코더를 잘 불지 못합니다.

다음 주에 리코더 수행평가가 있다고 하는데

그럴 때면 우리 반 리코더 부 나경이가 도와줍니다.

나경이는 리코더를 아주 잘 불기 때문입니다.

그런데 나경이는 달리기를 너무 못합니다.

그럴 때면 우리 반에서 가장 빠른 주혜가 도와줍니다.

그런데, 이 중에 장애가 있는 친구도 있는데,

혹시 느끼셨나요?

우리는 서로 잘하는 것, 못하는 것이 다르기 때문에

서로를 이해하고 서로를 도와야 한답니다.

우리 반은 그럴 때면 항상 서로를 도와준답니다!

32 타 진로
– 교사를 그만두고 선택할 다른 진로가 있을까요?

초임교사의 퇴직률이 매년 높아지는 추세인데, 그나마 다행(?)인 건 일반직공무원에 비해서는 아직 낮은 편이라는 점.

당연히 단순 비교는 어렵지만, 교사라는 직업을 선택한 뒤 꽤 오랜 시간 외길만 걸어왔기 때문이라고 생각한다.

그런데 내 주위에는 의외로 교사를 그만두고 다양한 일을 하는 사람들이 많은데…

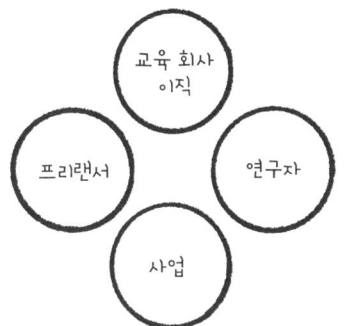

전체적으로 봤을 때 크게 4가지 유형으로 나뉜다.

일단 '연구자'.
말 그대로 최대한 빠르게
박사학위를 받고
연구를 계속하는 유형이다.

교대 등 대학의 교수나
창의재단, 케리스 등
교육관련 연구원으로
가는 경우가 많다.

다음은 '교육 회사 이직'.
교육 관련 에듀테크 기업이나
교육 출판사 등에서
근무하는 유형이다.

특히 에듀테크 산업이
활성화되면서
현장경험이 있는 교사들을
선호해 5년 차 내외교사들이
도전을 많이 한다.

다음은 '사업'.
교육 회사, 스타트업 등
아예 본인의 사업을
시작하는 경우이다.

주변에 몇 명 있고,
잘되는 사람도 많은데…
솔직히 이 사람들은
애초에 교사가 아니라
사업가로 시작했어야
한다는 생각이 든다.

마지막으로 '프리랜서'.
그야말로 바람 흘러가는 대로
살아가는 스타일인데,
자유인으로 다양한 일도
경험해보고, 가끔
기간제 교사도 하고,
시간강사도 하는 유형이다.

이렇게 여러 유형을
살펴봤는데, 다들 알다시피
세상에는 본인의 적성에
좀 더 맞는 직업이 있을 뿐,
쉬운 직업은 없다.

평생직장 개념도 사라져가는데, 본인의 뜻이 확실하다면 교사 출신으로서 좋은 사례를 보여줬으면 하는 마음도 있지만,

하지만 반드시 잊지 말아야 할 것이 있다. 내가 좋아하는 만화 『베르세르크』에서 나온 명대사이다.

쉽지 않은 결정이고 인생이 달린 결정이니 부디 신중하게…

교직을 떠날까, 남을까? 직업 선택의 4가지 기준

예전에는 '교직은 평생직장'이라는 말이 통용됐지만, 요즘은 그렇지 않다고들 한다. 하지만 통계를 보면 교직은 여전히 '평생직장'이라 할 만하다. 일반직공무원 퇴직자 중 신규 임용자가 약 23%에 달하는데, 교직은 약 4% 미만이다. 물론 비율은 점점 증가하고 있지만, 여전히 한 번 교직을 선택하면 그 길을 지속하는 경우가 많다.

나는 직업을 선택할 때 4가지 기준을 중요하게 여긴다.

첫째, 성장 가능성

직업을 통해 내가 성장하고 있다는 감각은 직업을 막

론하고 매우 중요하다. 내 역량이 늘고, 가치가 올라간다는 실감이 되면 힘든 상황도 즐겁게 견딜 수 있다. 반대로 성장 없이 매일 버티기만 하고 내가 소모되고 있다고 여겨진다면, 아무리 높은 보수를 받더라도 오래 버티기가 쉽지 않다.

둘째, 워라밸(Work-Life Balance)

교직을 선택하는 가장 큰 이유 중 하나가 바로 워라밸일 것이다. 실제로 많은 직업 관련 설문조사에서 워라밸은 직장을 선택하는 중요한 요소 중 상위 항목에 꼽힌다. 워라밸 나쁜 직장은 조건이 좋더라도 지속하기 어렵다.

셋째, 조직 내 관계와 자율성

직장에서 동료들과의 관계가 껄끄럽거나 상사에게 지나치게 압박받는다면, 역시 직업을 유지하기 힘들다. 또한 주도적으로 일할 수 없고 공장의 부품처럼 일한다면, 직장에서의 효능감도 떨어진다. 결국 직장도 사람 사는 곳이기에, 조직 내 관계와 자율성은 매우 중요하다.

넷째, 적정 수준의 보상

물론 보상은 크면 클수록 좋다. 하지만 대단히 크지는

않더라도 내 노동의 가치보다 모자란 보상을 받고 직업을 유지하기는 어렵다. 예전에야 지금의 현실에 만족하며 적당히 살면 된다는 말도 했었지만, 이제는 직업에서 얻는 보상이 적정한지가 무척이나 중요해졌다.

교직을 이 4가지 기준으로 살펴보면, 내 경험상 아쉽게도 성장의 가능성은 점차 낮아지고 있는 것 같기는 하다. 그렇지만 적어도 워라밸은 확실히 좋아지는 추세로 보인다. 조직 내 관계와 자율성은 개선되고 있지만, 보상은 큰 변화 없이 상대적으로 매력이 줄어드는 느낌이다.

사실 이 4가지 기준을 모두 충족하는 직장은 거의 없다. 설령 있다고 해도 모두가 원하는 꿈의 직장이기에 치열한 경쟁을 피할 수 없다. 이직을 고민 중이라면, 이 4가지 기준을 종합적으로 고려하길 바란다. 단순히 '적성에 맞지 않는다'라는 이유로 이직을 꿈꾼다면, 현재 직장에서 최선을 다한 뒤 신중히 결정하기를 진심으로 권한다.

최근에는 교직 경험자를 선호하는 교육 출판사나 에듀테크 회사도 늘고 있으니, 자신의 경험과 역량을 잘 살펴보고 긴 호흡으로 자신의 미래를 그릴 수 있어야겠다.

ep. 교사의 삶, 그리고 용기
– 나는 그래도 네가 선생님을 했으면 좋겠어

학교에서 교사의 삶은 선택과 통제에서 멀리 떨어져 있는 것처럼 느껴질 때가 많다. 학부모의 민원, 예상치 못한 사건들, 그리고 학교 안팎의 수많은 요구들은 대체로 내 손에서 떠나 있다. 이 책에서 다룬 주제들 역시 우리 교사들이 알아두는 데 의의가 있을지라도, 당장 교사 개개인이 어떻게 할 수는 없는 것들도 꽤 있다. 이럴 때면 일개 교사로서 무력감과 회의감이 들기도 한다.

하지만 이 모든 상황 속에서도 내가 통제할 수 있는 단 하나가 있다. 그것은 바로 내가 느끼는 내 감정이다. 사건 이후의 감정은 내가 선택할 수 있는 영역이며, 그 선택은 내 삶의 태도를 바꿀 수 있다. 너무 당연한 이야기로 들릴지도 모르겠지만, 다시 말하되 우리 교사는 마음 단련이 다른 직업들보다 특히 중요하다. 나 홀로 어찌 할 수 없는 일들을 마주해 무력감과 회의감이 들 때면, 『아들러의 감정수업』(시목, 2017)이라는 책을 읽어봤으면 한다. 우리 모두 열등감 덩어리이지만, 중요한 것은 그 열등감을 극복하려는 용기이다.

    교권은 단순히 외부의 도움이나 지위로만 갖춰지지 않는다. 국회의원이 교육 관련 법을 잘 만들고, 교육감이 악성 민원인을 고발할 수도 있어야 하지만, 교권이 진정 빛을 발하는 순간은 우리의 수업과 평가를 통해 교사의 전문성을 드러낼 때이다. 따라서 우리가 스스로 교사의 가치를 폄훼하는 말을 입에 담지 않았으면 한다. "교사는 공노비다", "교직 탈출은 지능 순이다" 같은 말은 결국 교사라는 직업의 가치를 스스로 깎아내리는 말이다. 교권은 자존감에서 출발하며, 그 자존감은 스스로를 존중할 때 지켜질 수 있다.

    교사가 힘든 이유 중 하나는 경력이 쌓인다고 해서 절로 업무가 쉬워지지 않기 때문이다. '경력이 쌓여도 수월성이 담보되지 않는 직업.' 현상유지도 쉽지 않고, 이를 위해서는 끊임없이 공부하고 성찰해야 한다. 더 나아가, 변화하는 세상 속에서 내 경험과 생각이 여전히 유효한지 계속 돌아봐야 한다. 고착된 사고를 멈추고 배우고자 하는 마음을 가지는 것만이 교사로서 한 걸음씩 나아갈 수 있는 유일한 방법이다.

교사로서 주도성은 개인의 능력만으로 이루어지지 않는다. 주도성은 맥락적 조건과의 상호작용에서 성취된다. 쉽게 말하면, '주도성이 주도성을 부른다.' 아무것도 하지 않는다면 어떠한 변화도 없다. 하지만 작고 사소한 시도라도 일단 해보면, 그 작은 시도가 또 다른 변화를 만들어낸다. 결국 교사의 주도성은 무언가를 시도하는 용기에서 시작된다. 작은 변화라도 만들어내는 노력, 그것이 주도성의 첫걸음이다.

파커 J. 파머의 『가르칠 수 있는 용기』(한문화, 2024)에는 이런 문구가 나온다. "훌륭한 가르침은 하나의 테크닉으로 격하되지 않는다. 그것은 교사의 정체성과 성실성에서 나온다." 또한 그는 가르침의 진정한 힘은 교사와 학생의 관계에서 비롯된다고 이야기한다. "훌륭한 교사가 만들어내는 학생과의 유대감은 그 방식에 있는 것이 아니라 그 마음에 있다." 이 말은 교사로서 내면의 진실성과 인간적인 유대가 가르침의 핵심임을 깨닫게 해준다.

이 모든 과정에서 우리는 진부하리만치 중요한 사실 하나를 잊지 말아야 한다. 교사로서 우리의 역할은 결코 쉽지 않지만, 그럼에도 불구하고 '포기하지 않을 용기'를 가져야 한다는 것이다. 작은 시도가 변화를 부르고, 꾸준한 성찰이 나를 성장하게 한다. 무엇보다 학생과의 관계 속에서 내가 진정으로 추구하는 가르침의 가치를 발견할 수 있을 것이다.

교사의 삶은 도전과 의문, 그리고 성찰의 연속이다. 여느 직업이 그렇지 않겠느냐 싶을지도 모르지만, 경력에 따른 수월성이 없다는 점에서 더욱 그러하다. 하지만 그래서 나는 우리 교사라는 직업이 더욱이 의미 있다고 믿는다. 매번 새로운 씨앗이 잘 자랄 수 있도록 그 토대를 단단히 다져주는 일, 이제 막 세상에 고개를 내민 아이들이 잘 살아갈 수 있도록 이끌어주는 일이 바로 '교사의 일'이기에.

나는 우리 교사들이 자신의 감정을 선택하고, 스스로의 판단을 존중하며, 작은 시도를 통해 변화를 만들어간다면, 교사로서의 삶은 훨씬 더 의미 있는 여정이 될 것임을 믿는다. 포기하지 않을 용기를 가슴에 품고 있다면, 오늘 하루도 우리는 교사로서의 한 걸음을 더 디디고 나아갈 수 있다. 그리고 그게 바로 우리 교사들이 살아가야 하는 삶, '교사의 삶'이어야 한다고 믿는다. 그래서 나는 이런 당신이 여전히 선생님을 했으면 좋겠다.

그래도 네가 선생님을 했으면 좋겠어

초판 1쇄 2025년 2월 26일
초판 3쇄 2025년 12월 3일

지은이 · 김차명
그림 도움 · 강세라, 강지현, 권수정, 권희정, 김단, 김인현, 김혜원, 김화인
　　　　　김희진, 박예슬, 박채은, 배은해, 배지현, 안영재, 오예림
디자인 · dal

펴낸곳 · 일요일오후
등록일 · 2021년 3월 26일 제2021-000031호
이메일 · booknsunday@naver.com
인스타 · @booknsunday

ⓒ 김차명, 2025
18,000원
ISBN 979-11-975314-2-2 03370

· 이 책의 무단 전재 및 복제를 금합니다.